Communication Shift

「モノを売る」から「社会をよくする」コミュニケーションへ

並河 進［著］

羽鳥書店

Communication Shift
「モノを売る」から「社会をよくする」コミュニケーションへ

COMMUNICATION SHIFT
From Producing Goods to Producing a Better Society
NAMIKAWA Susumu
Hatori Press, Inc., 2014　ISBN 978-4-904702-44-4

はじめに

広告会社でコピーライターとして働きはじめて一七年になりますが、一〇年ぐらい前から、広告というものが、もっと「社会にとって価値あるものになれないか」、そんなことを考えるようになりました。ひとりで、夜中にそんなことを考えて、いろいろな妄想のプロジェクトを企画書にしてはあちこち行って断られて……という日々を送っていました。

そして、今でいう「ソーシャル」、当時はそんな言葉は知らなかったのですが、社会貢献と広告を融合させるような試みを、四苦八苦しながら、少しずつカタチにしてきました。NPOと協働で、いろいろなプロジェクトを立ち上げてきました。

どうやら、広告には、より詳しく言うと、広告づくりのスキルや発想には、「モノを売る」というだけではない価値がありそうだ。いや、そうであってほしい。すこしずつ、そう思うようになってきました。

それは、一言でいえば、「モノを売る」から「社会をよくする」コミュニケーションへの、広告のシフトです。(広告とは、通常は、ある企業や団体が主語となり宣伝活動を行うこと。ただし、この本での「広告」とは、マーケティングやブランディング、さらには、ブランディングにつながるプロジェクトなど、「広告という仕事」が取り扱う、現在そして未来の活動全般のことです。そして、「コミュニケーション」は、本書では、あらゆる「つながり」のことを指します。)

そのシフトは、霧のむこうに確かに存在するかのように、漠然とはもう見えている。でも、はっきりとした姿はまだ見えない。そこで、僕は、二〇一二年から半年間、広告の最前線で活動する方々(澤本嘉光、永井一史、箭内道彦、佐藤尚之、今村直樹、丸原孝紀、松倉早星、鈴木菜央、石川淳哉、東畑幸多、嶋浩一郎、中村洋基[本書登場順/敬称略])のもとにうかがって、広告の未来の話をしてきました。それぞれの対話は、「AdverTimes(アドタイ)」という宣伝会議のウェブサイトで、「Communication Shift(コミュニケーションシフト)」(以下、「コミュニケーションシフト」)として連載しました。

これらのインタビューをへて、そこから見えてきたコミュニケーションシフトの姿をまとめたのが、本書です。

広告の未来を考えることは、すなわち、広告というものが前提としているこの世界の仕組みについて考えることでもあります。

広告の未来を考えることは、すなわち、「ヒト、モノ、コトは、これから、どう、つながっていくべきか」ということについて考えることでもあります。

だから、この本は、広告に関わる人たち（クリエーター、デザイナー、広告会社で働く人、企業のマーケッター等）はもちろん、従来の広告という仕組みが前提としている、お金とモノ・サービスの交換による市場経済に対して、あるいは、消費者と呼ばれる人と企業のつながり方に対して、「それだけじゃないんじゃないのかな？」と疑問に感じはじめているすべての人に読んでほしいと思います。

この本は、一石を投じる本です。「そうじゃなくて、こうなんじゃないか」と。

広告業界に、資本主義のありかたに、この世界の構造に、そして何より、あなたの視点に、一石を投じる本であれば幸いです。

目次

対談（登場順）

第１章

原点——現状の広告に対するいくつかの疑問

広告づくりは、いったい誰のものか

僕は、電通という広告会社に一九九七年に入社し、それからクリエーティブ局に配属になり、コピーライターとして先輩コピーライターのもとで修業の日々を送ることになりました。

当時、すでにバブルははじけていたものの、その残り香のようなものが広告業界にはあり、でも、同時に、CMを打てばモノが売れるという時代が終わりつつもあった、いわば「過渡期」がひたひたと迫ってくるところだったのです。

そんなことも知らずに、僕は、一心不乱にコピーを書いていました。

広告づくりというのは、クライアントである企業からの依頼に基づき、リーダーであるクリエーティブディレクターのもとに、言葉を担当するコピーライター、デザインを担当するアートディレクター、CMの企画を担当するCMプランナーがチームを結成し、企画を考えていくのですが、当時のクリエーティブディレクターは、とても偉そうでした（と僕の目には見えました）。

僕が入社する前、つまりCMを打てばモノが売れる時代は、クライアントの中でも宣伝部という部署は特別な花形でした。クリエーティブディレクターと宣伝部長がタッグを組んで、ブイブイ（古い表現ですみません）言わせていた時代があったのでしょう。

でも、そんな時代が終わり、宣伝部も上におうかがいを立てなければCMの企画を決められない時代が来て、クリエーティブディレクターの絶対性もゆらぎはじめた、そのような時期に僕は入社しました。

「日本を元気にするようなCMをつくろう」とか、「理屈じゃなくて、感じるCMをつくろう」とか素敵な言葉を並べるクリエーティブディレクターの方向性を信じて、企画を立てていっても、いざクライアントにプレゼンテーションすると、「もっと商品説明をきちんとして、売れるCMをつくってほしい」とか「それじゃ伝わらないから、もっと理屈を説明してほしい」とか言われてしまう。「あれ？　これは様子がおかしいぞ」と、そういうことが何度も起きたわけです。

そうすると、「あのクライアントの担当者は分かっていない」とか、クリエーティブディレクターやクリエーティブスタッフからはグチが飛び出すわけですが、そういうことにも違和感がありました。

CMは、クライアントのもの。だったら、もっとクライアントといっしょにつくるべきなんじゃないか。「一週間、僕らクリエーターだけでうんうんうなってつくるより、一週間毎晩クライアントと飲みに行ったほうが、よっぽどクライアントの気持ちをカタチにできるんじゃないか」。当時、若造だった僕は、生意気にも、そして当時の自分こそクライアントと話すなんてことはできなかったくせに、そんなことを考えていました。

また、もうひとつ、たぶんこれは肌感覚的なものなのかもしれませんが、「俺たちはクリエーターだから」と鼻にかける雰囲気が苦手だったこともあります。

自分の過去を振り返ってみると、中学時代はマンガ同人誌をつくっていて（友達と「おぬしもやりますなー」みたいに呼びあう、筋金入りのオタクでした）、その後、マンガ同人誌仲間とアマチュアバンドをはじめ（全員元マンガ研究会のメンバーでした）、大学に入ってから、ダンスサークルでミュージカル……と、いわばアマチュア芸術活動をずっと続けてきました。

プロの矜持、プロの職人としての技術は大切かもしれない。でも、自分がわくわくするのは、磨き抜かれた技よりも、誰かが、今までの自分を「越えようとする」瞬間。一度もやったことのないバンドを、マンガ研究会のメンバーではじめようとする無謀さ。その「越える」一瞬にこそ、わくわくがある。

広告を「クリエーティブに関わる一部の人たちのもの」として、それ以外の人を「分かっていない」と決めつけるのは、「越える」とはまったく逆のベクトルです。

縄張り意識の高い人たちに占有されてしまった「広告」や「クリエーティブ」というものをすべての人に解放したい、そういう気持ちが芽生えはじめていました。

なぜ広告賞という単一の価値観しかないのか

そんなもやもやした気持ちを抱えながらも、先輩のもとでひたすらコピーを書く日々を数年間過ごしました。広告の世界には、「この広告賞を獲って一人前」と言われるような広告賞があります。たとえば、コピーライターにとっては、東京コピーライターズクラブ（TCC）があります。このTCCが年一回発表するいくつかの賞があるのですが、その中でもTCC新人賞と呼ばれる賞は、コピーライターとしては必ず獲りたい（獲らなくてはいけない）賞とされてきました。

毎年四月に発表されるのですが、この賞が僕はなかなか獲れなかった。何年たっても獲れなかった。

毎年一〇人程度が発表されるわけですが、毎年獲れない。

「なぜ獲れなかったんだろう」と考えるんですが、答えは出ない。何年もその賞が獲れずに、そのたびに考えた結果、あるとき、僕は気づきました。「僕よりもいいコピーを書く人がいたから」なんだと。

すべての賞は、相対評価なんです。だから、本質的には、椅子獲りゲームです。椅子が空かなければ座れない。広告賞という評価軸でその年に輝ける人数はある程度決まっていて、それ以外の人は順番を待つしかない。でも、広告の世界に、コピーライターの世界に、「ひとつの価値基準しかない」限り、必ずその椅子に座れない人がいる。

だったら、TCCという「ひとつの価値基準」ではない道を示すことができないだろうか。いわば賞が獲れない「恨み」（情けないですけれど、そうなんです）、格好つけて言えば「ルサンチマン」から僕の挑戦ははじまったのです。

そういう目でまわりを見渡してみると、目覚めるように、いろんなことが見えてきた。先輩に褒められ、賞に褒められる、そんなコピーをいっしょうけんめい書こうとしている自分のような同僚たちばかりじゃないか。

コピーとしては、常識を疑うことを鼓舞するような言葉を書きたがるくせに、自分は、ばっちり既存の道に従っている。そんな広告の枠組みから飛び出そう、と思ったのです。

その頃の僕は、いらだっていました。でも、「満たされている」ところからは何も生まれない。水が沸騰する前に、小さな気泡がぶくぶくと浮かんでくるように、いらだちは沸騰前の気配。いらだたなければ、何もはじまらない。そのいらだちは、自分の外側に向かっているようで、実は、自分の内面にも向かっている。

今の広告というものへのいらだち、そして今の自分へのいらだち、そういうものが、沸騰した湯の表面に泡が立つように自分の中で表面化していきました。

広告の世界には、なぜ自己批判がないのか

二〇〇〇年当時、そうやっていらだって、周囲を見回してみると、「広告」というもののカタチに自己批判的な人が驚くほど少ないことに気づきました。

もちろん、自分たちでつくりあげている世界だから、自己批判が難しいのは分かる。でも、どんな業種にも、どんな仕事にも、プラスの面とマイナスの面がある。自動車業界は、自らが、交通事故と環境汚染を生みだす存在だということを認識している。だからこそ、安全性の高い車、環境負荷の低い車の開発に本気になれる。

進化とは、いつでも前向きな自己批判からはじまるもの。僕はそう思うのです。

でも、広告の世界では、驚くほど、自己批判が少ない。なぜそうなのか、広告づくりに関わる人たちの「性質」については、第3章でじっくり語ろうと思うのですが、僕には、この「自己批判の少なさ」は、広告の世界の停滞、そして、内面の空洞化を招いていると感じられる。批評もなければ、思想を語る人もいない。「無自覚」、この「無自覚さ」は恣意的なものなのか。

広告は恐るべき大きな力を持っています。お金さえかけてCMを大量出稿すれば、一週間後に、この日本の半分以上の人たちが、あるひとつのモノを知っている、という状況をつくることだってできます。でも、その力の恐ろしさについて、その力の大きさゆえの責任、そういう文脈で広告を語る人は広告の世界にはなかなかいません。

あるのは、表面的なCMのストーリーの「面白さ」や、話題が話題を呼ぶ仕掛けの「ユニークさ」についての「褒めあい」だけです。

僕が、「アドタイ」という宣伝会議のウェブサイトで「コミュニケーションシフト」の連載をはじめたとき、広告業界の第一線で活躍する人たちに、最初にぶつけてみたいと思ったのは、この「自己批判の少なさ」についてです。

並河　テレビとともにCMという構造が生まれたのは、みんながテレビを無料で見られるようにするために必要だったから。つまり、元々は、世の中のために、CMという構造ができたんだと思うんです。

でも、それが今も同じ形のままでいいのかとか、広告に携わる人たちが、マスコミと、それを支えるCMという仕組みについて、良いところだったり、弊害だったり、そういうことについて語る場所がないじゃないですか?

ネット上では、マスコミについて批判的な人も結構いるし、いろんな意見が出ているなかで、広告業界の人たちが、そうした意見に対して向き合っていないと僕は感じています。メーカーの方々と話していると、商品のプラスの面だけでなく、マイナスの面もちゃんと見つめている。でも、それがあるからこそ進化するんだと思うんです。

広告という構造が、これから、もっと世の中から支持されるには、どんな問題をどう解決してどう進化していけばいいと思いますか?

澤本嘉光★（以下、澤本）　僕は、広告の問題のひとつとして、一五秒というCMのフォーマットの弊害を強く感じています。例えばネーミングの告知や、キャラクターの認知、歌モノといった、一五秒という単位がベストなものは一五秒でつくればいい。でも、多くのCMが、一五秒で伝わらない情報を無理やり一五秒の中に詰め込んで、結果、伝わらず、つまらないCMになってしまっている。

★澤本嘉光（さわもとよしみつ）。1966年生まれ。電通コミュニケーション・デザイン・センター、クリエーティブディレクター／CMプランナー。主な仕事に東京ガス「ガス・パッ・チョ!」、ソフトバンクモバイル「白戸家」など。クリエイター・オブ・ザ・イヤー、TCCグランプリなど受賞。映画『ジャッジ!』では脚本を執筆。

テレビを見るのがあたりまえの時代は、それでも見てもらえたかもしれないけれど、今は、伝わらない、つまらないCMが流れた瞬間、もう見てもらえないんです。秒数が長いほうがきちんと伝わるし、面白いものがつくれるはず。広告会社と放送局がいっしょになって、一五秒CMから、三〇秒CM、六〇秒CMにシフトしていければいいと思う。

極端な話、一五秒CMを法律で禁止するとする。もしくは、よほど面白くないかぎり一五秒は禁止、とか。そうすれば、ずいぶん変わると思うんですよ。CMが、コンテンツとしてもっと面白くなっていけば、みんなに支持されるはずで、その最大の阻害要因は、僕は、実は秒数だと思っています。

並河　こうした既存の広告の構造を批評できる土壌や環境を、広告の世界がつくれているかどうかについては、どう思いますか？

澤本　たぶん、そういう環境をつくろうと思っている人が少ないんじゃないかな。

批評精神がないと、広告は、文化にならない。現状に対する批評というところが、いちばん大事なんです。『広告批評』という雑誌がなくなったってことは、結局、広告を批評できなくなったってことかもしれない。

今、世の中、批判や批評がしにくいと感じています。飲み会でもカラオケでもいい。

悪口言ったり、誉めあったり、広告をつくる環境の中には、広告を批評しあえる場が必要だと思うんです。

並河　たぶん、世の中から、「広告って、どんなモノでも、良いって言う」と思われてしまっている。そういう意味では、広告にとって、批評精神は安全装置みたいなものかもしれないですね。広告には自ら批評する精神があってこそ信頼される、と。

広告の今のシステム自体についても、「今はこういうシステムだけど、これからはもっとこうしていったほうがいいんじゃないか」という批評を、広告に関わるみんなでできる場があればいいのに、と僕は思います。

CMプランナーの澤本嘉光さんは、東京ガス「ガス・パッ・チョ!」、ソフトバンクモバイル「白戸家」など、一五秒CMの世界で、数々のヒット作をつくりつづけている人。その澤本さんが一五秒というフレームの弊害を、「法律」という視点で語ることが新鮮でした。

逆にいえば、CMの秒数が一五秒であることに「短くてつくりにくいなあ」と言うことはあっても、広告のシステムを変えようとする人は今までいなかった。だから、変わらなかったと。

広告は、大量消費をうながすことしかできないのか

広告のシステムをどう変えていけばいいか。サントリーや資生堂をはじめ、数々の企業のブランドのデザインを手掛けてきたHAKUHODO DESIGN 永井一史★さんの考えはこうでした。

並河　広告のシステムの、こういうところは悪いんじゃないか、こういうところは変わっていくべきだと感じていることはありますか？

永井一史（以下、永井）　やはり一〇年前、二〇年前に比べて、時代の局面は変わってきていると思います。常に新しい商品を市場に投入し消費を刺激して、経済を回しながら成長させていくモデル自体が、限界にきているんじゃないでしょうか。景気の低迷が続いたこともあると思いますが、若い人を中心に今までと違う価値観が生まれてきている。大量生産されたさまざまなものを大量消費していくのではない、暮らし方です。その変化に伴った企業や社会システムのあり方が模索されていく中で、コミュニケーションが担える力って何なのか。抜本的にいえば、そういうことではないでしょうか。でも、どうすればいいかという答えは……難しいですね。

★永井一史（ながいかずふみ）。1961年生まれ。（株）HAKUHODO DESIGN代表取締役社長、クリエーティブディレクター／アートディレクター。デザインを通じてソーシャルイシューの解決に取り組む「+designプロジェクト」を立ち上げる。主な仕事にサントリー「伊右衛門」、資生堂「企業広告」など。毎日デザイン賞、クリエイター・オブ・ザ・イヤー、ADC賞グランプリなど受賞多数。

並河　高度成長期の頃は、広告を打てば売り上げが伸びて、雇用も生みだして、広告＝一〇〇パーセント社会のためになると、多くの人が思っていたけれど、でも、その時代は終わってしまった。

今でも、広告の打合せの場で、「バーンと日本が元気になるようなＣＭつくろうよ！」と言う人は、きっと、モノが売れて、雇用が生まれて、それが社会のためになるっていうことを指しているんですよね。もちろん、今でも、売り上げがあって、雇用があるということは実は社会にとってすごく大きな意味があって、見落としてはいけない大事なことでもあるんですが、でも、「大量消費＝善」の時代からシフトしているときに、広告というものは、相変わらず、「ある商品を効果的に伝えることで売り上げを伸ばす」という方法論のその次を見つけられていない。

永井　結局、「商品やサービスが最初にあり、あるメディアを使って、多くの人に伝える」という従来の広告の方法論が変わっていかないと、いくら表現が変わっても、抜本的には変わらないと思います。

二〇〇二年の頃に、僕が書いた、一つの企画書があります。「FOOD PROJECT」というタイトルの企画書です。

当時、食の安全性が大きな社会問題になり、大量生産、大量消費に世の中全体が「？」と思いだしたタイミングでした。

同時に、生産者と消費者がお互いの顔が見えるような「産地直送」や「契約農家」型のコミュニティも少しずつ生まれはじめていました。

従来のCMは、大量生産、大量消費をうながすもの。当時は、僕自身も、そうした大量消費のサイクルをうながすようなCMを日々つくっていた。でも、そうではない広告があってもいいんじゃないか。新しく生まれはじめている生産者と消費者が一体となった小さなコミュニティたちの旗印になるような、そして社会をよくするシフトのベクトルを加速するような広告がつくれないだろうか。そんな想いで、深夜、ひとりで無我夢中になって、つくりあげたのがこの企画書です。

結局、このFOOD PROJECTは、カタチになりませんでした。当時この企画書をいろいろな先輩に見せても、変わり者扱いされたし、理解してもらうことはできなかった。

でも、今見るとはっきりと分かります。この企画書が目指しているのは、「モノを売る」をスタート地点にするのではなく、「社会をよくする」をスタート地点にする広告へのシフトです。

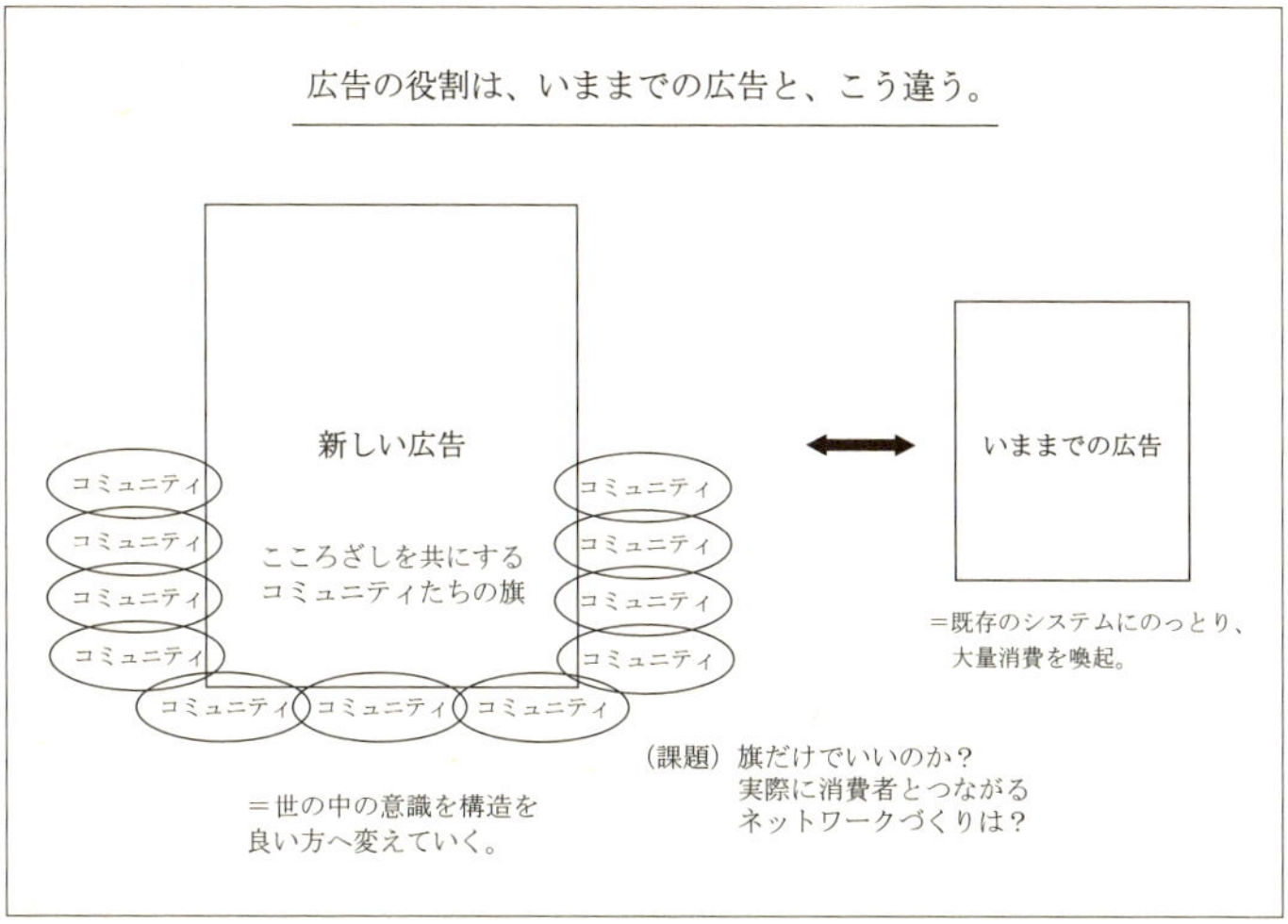

そのコミュニティたちの根底に流れる思想は、同じ。

1　きちんと作った食べ物は、安全なだけでなく、なによりおいしい。

2　作る人と、食べる人がひとつになったコミュニティ的発想。
→作る人と食べる人をできるだけダイレクト＆インタラクティブにつなぐ。
→作る人のことも考えたやり方。

自給自足の農村だったら、当たり前だった、「自然」な姿へ。

↓

ひとつひとつは、まだ小さな勢力に過ぎないが、
まとまれば、既存のシステムに対抗しうる大きな勢力になる。
食への関心がブームに終わるか、今、試されている。

企画書「FOOD PROJECT」より

広告は、そもそも社会をよくするためのものではないのか

すこし矛盾するような言い方ですが、もともと、広告という仕組みは、「社会をよくする」ために生まれたものです。

ＣＭは、もともと、すぐれた映像コンテンツを誰でもどこでも無料で見られるために生まれた、素晴らしい仕組み。僕には実経験はないけれど、日本で初めて民間のテレビ放送がオンエアされた日、テレビにかじりついていた人たちは、それを実現したスポンサーやＣＭというものの存在に感謝こそすれ、ＣＭをスキップしたいなんて思いもしなかったのではないかと思います。

そして、高度成長期を迎えた日本にとって、ＣＭを流せば、モノが売れ、雇用が生まれる。つまり、広告をつくることは、多くの人にとって、社会をどんどんよくしていくことダイレクトに結ばれていたはずです。

でも、時代は変わった。誰でも企業や商品の情報を調べることができる時代に、広告は「真実から離れている」と感じられてしまうようになってきているのではないか。

モノさえ売れれば社会がよくなっていくわけでもないと多くの人が気づいている中で、広告は社会のために何を果たすことができるのだろう。

「モノを売る」から「社会をよくする」コミュニケーションへのシフト、とは、正確には、こういうことです。

本来の「社会をよくする」という目的から離れ、「モノを売る」という機能だけがまわりつづけてしまっている広告というものを、もういちど、「社会をよくする」コミュニケーションに設計しなおす、ということです。

誤解してほしくないのは、（そして、あたりまえのことですが）「モノを売る」ことを否定しているのではないということ。あまりにも「モノを売る」視点に偏りすぎた広告コミュニケーションを、もういちど「社会をよくする」視点から考えなおしてみる、ということなのです。

それは、現状への広告の「自己批評」、そして、そうした広告をつくりつづけている自らへの「自己批判」から、もがくような苦しみとともにやむにやまれずに生まれるものです。

その新しい「広告のカタチ」は、必然的に、今の広告づくりの道の「外側」にあるものです。もしかしたら、それは、一見広告らしいカタチをしていないかもしれない。今、広告づくりに関わっている多くの人たちからは見向きもされないものかもしれない。

窮屈な広告クリエーティブの世界から飛び出し、二〇〇二年から十数年間、僕は、さまざまな企業の方々やNPOの方々とともに、その答えを模索するように、数々のプロジェクトを立ち上げてきました。「広告への自己批評」から生まれた「異形のもの」です。

次の章からは、そうしたプロジェクトへの挑戦と、「コミュニケーションシフト」のインタビューを重ね合わせながら、広告は社会のために何ができるか、その可能性を探っていきます。

第2章

模索する日々――広告は社会のために何ができるか

これからの広告のありかた

これからの広告会社には、三つの方向性があると、僕との対談の中で、永井一史さんは整理しました。

永井　これからの広告とソーシャルの接点には、大きく三つの道があるんじゃないかと僕は思います。一つ目は、企業といっしょに新しい事業開発や、サービスや商品づくりを行う、という道。広告というよりも、もっと大きな意味でのデザイン。企業の事業そのものやサービス、商品自体を、これからの社会に求められるものにデザインし、その一環としてコミュニケーションもデザインする、という道です。僕は、デザインとは、本来、こうあるべきだと思っています。

二つ目は、これからの社会にとって重要で価値のある、新しく芽吹いた何かを見つけて、自分たちのクリエーティブスキルを使って、それがすこしでも広がっていくお手伝いをする、という道。プロボノ（スキルを活かしたボランティア）でＮＰＯを応援するのも、これですね。

三つ目は、クリエーティブに関わる人、自らが主体者になる。クリエーティブの力を使ったイノベーティブな事業や社会的課題の解決を行うようなことを事業主体としてやる、という道。大きな意味でのクリエーティブと考えたら、この道も絶対ありうると思います。

言い方をかえると、これは、

一つ目は「企業を出発点にしたときの広告のありかた」。

二つ目は「NPO、個人、コミュニティを出発点にしたときの広告のありかた」。

三つ目は「社会課題を出発点にしたときの広告のありかた」です。

僕自身は、こんなふうに頭の中が整理できていなかったけれど、とても分かりやすいので、この三つの整理に沿って、広告のありかたを探っていきたいと思います。

1　企業を出発点に

「ほんとうにいいことをする」

従来の広告づくりが、企業からオリエンテーションを受けて、それに対して、ある規定演技のように答えを返すカタチだとしたら、クライアントの人といっしょになって膝をつきあわせて考える。五年目ぐらいからそういうスタイルに仕事を変えました。

具体的には、簡単です。クライアントの方に電話して、「ふたりでお会いして、いろいろ話しませんか？」と言うだけです。

でも、なかなかこのことができない。クライアントも広告会社も大きな会社になりすぎて、組織対組織の向き合いになってくると、一個人と一個人の姿が見えなくなってくる。そうして、制作者としての一個人の姿も、そのCMを受け取る一個人の姿も感じられない広告がつくられていく。それに強い危機感を覚えていました。

単純に「裏でクライアントの悪口を言って偉そうにしているクリエーティブディレクター」が嫌いだった、ということなのですが、「言いたいことがあるなら、直接言えばいいじゃん！」という発想です。

そうして、クライアントと直接話すようになると、いろいろなことが見えてきます。

昼間に会議室で会うと、ＣＭのコンテをどうするかという話しかできない広告宣伝部の方も、夜飲みながら話すと、「本当は、世の中に意味のあることをやりたいんだよね」なんて本音も出てくる。

「一個人としては、こういうことをやりたい、やってみたい」と、「企業の広告セクションとしては、こういう目標を果たさなければならない」という両方の葛藤がある。

だから、そこをすりあわせるにはどうすればいいか、クライアントの方といっしょに考え、その企業の中の一個人が、「こういうことをやりたい、やってみたい」と思っていることを実現するために、僕は精一杯力をふりしぼる。

そういう仕事のやり方に切り替えたのです。

すると、自分が思っていることも実現できるようになりました。

誰でも、心の底から、「つまらないこと」「平凡なこと」「今日明日の売りにつながること」だけをやりたいと思っているわけじゃない。

誰でも、「新しいこと」「面白いこと」「社会にいい影響を及ぼすこと」をやりたいと心の底では思っている。まず、そういう「ほんとうの気持ち」をお互いに吐露することからしか始まらない。さらにいえば、最初に自分から裸にならなくちゃいけない。

僕は、そうした人間関係の築き方を、当時王子ネピアのマーケティング本部商品企画部部長（現・取締役マーケティング本部長）だった今《こん》敏之さんから教わり、そして、王子ネピアのいろいろなチャレンジのお手伝いをするようになりました。

今さんの口癖は、こうでした。「便所紙、上等じゃねえか」。便所紙には便所紙の意地があるんだと。可能性があるんだと。

僕が思っていたのは、いまや、インターネットで誰でも情報を手に入れることができる時代、ほんとうにいい企業なのか、ほんとうにいい商品なのか、調べれば誰でも分かる。だとしたら、「いい企業ですよ、いい商品ですよ」とがむしゃらに表面的にアピールするよりも、「ほんとうにいいこと」を実際にしたほうが、結果的に、ほんとうにいい企業や商品だとみんなが感じるようになるのではないか。

そうして立ち上げから手伝わせていただいたのが、ネピアのトイレットロールやティシュの売り上げの一部で、アジアでいちばん若い国である東ティモールのトイレづくりを支援する「nepia 千のトイレプロジェクト★」です。

それまでは、王子ネピアのCMづくりを手伝っていたのですが、これは、CMではなく、

★「nepia 千のトイレプロジェクト」は、王子ネピアがトイレットペーパーを扱っている企業の使命として、途上国の子どもたちの命と健康を守るために、２００８年にスタートしたプロジェクト。毎年キャンペーン期間中の、ネピア商品の売り上げの一部がユニセフに寄付され、東ティモールでの衛生環境の改善活動を支援。２００８年から２０１１年までの支援で、５１００以上のトイレができている（２０１３年12月現在）。

nepia千のトイレプロジェクト

企業の活動、です。CMのように、日本国内で大々的にはオンエアされませんが、でも、毎年、東ティモールに千以上のトイレが生まれています。いままで、トイレも、トイレに行く習慣さえもなく、屋外排泄をするような衛生環境の悪い状況の中、下痢などの理由で命を落としていた子どもたちを守ることにつながっています。そして、このプロジェクトは、結果として、ネピアのブランドイメージの向上や売り上げにもつながりました。（売り上げの一部を社会をよくする活動に寄付するキャンペーンは、コーズリレーテッドキャンペーン、社会へのコーズ（大義）への共感を軸としたキャンペーンと呼ばれています。）

「nepia 千のトイレプロジェクト」をはじまりとして、CMではないこうしたプロジェクト型広告（と、あえて広告と呼びます）を僕はつくるようになっていきました。

たとえば、二〇一一年三月一一日の東日本大震災の後には、トヨタエスティマハイブリッドのプロジェクトとして、「Charge the Future Project」★を手がけることになりました。これは、トヨタエスティマハイブリッドが、震災の後、電力を供給できる車として、停電に見舞われた被災地で活躍したという事実からスタートしたプロジェクトで、トヨタエスティマハイブリッドが電力を供給し、復興支援のさまざまなイベントやアクションを行う、というものです。

こうしたアクション型のプロジェクトの場合、たとえば、千のトイレプロジェクトに「商

★トヨタエスティマハイブリッド「Charge the Future Project」は、2011年9月から11月まで、トヨタエスティマハイブリッドの家庭用電源（100V／1500W）を使い、「仙台の高校の文化祭でのライブ」「宮城県女川町の小学校での映画上映」「被災地の情報を伝える移動基地づくり」「震災復興支援の食のイベント」を応援。多くのメディアで取り上げられ、エスティマハイブリッドのブランドイメージ向上にもつながった。

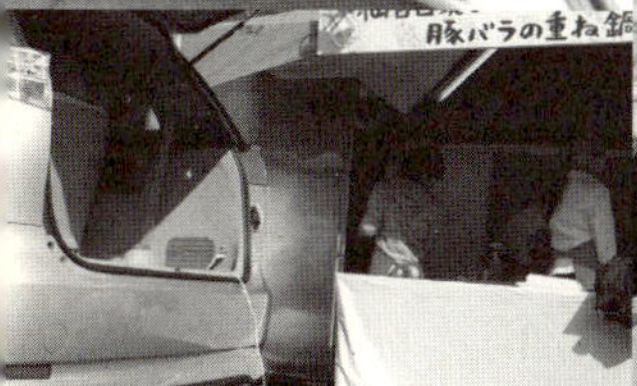

Charge the Future Project ESTIMA HYBRID

品を買う」という行為で参加した人たちや、Charge the Future Projectのイベントに参加した人たちにとって、ネピアやトヨタエスティマハイブリッドは商品を超えた「自分のコト」になっていきます。そして、SNSや口コミで、まるで自分のことを話すように、うれしそうに、そのプロジェクトのことを伝えていってくださる。その静かな波が起きていく様子を見ていて、僕はこう思いました。

たとえば、最高に面白いCMがあるとします。でも、商品とはまったく関係がない内容だったとしたら。あるいは、まったく関係ないわけじゃないけれど、ほぼ、こじつけに近いものだったとしたら。そういうCMの「面白さ」にどんな意味があるのでしょうか。

CMが「面白ければ」、その企業も「面白い」と思ってもらえるのでしょうか。でも、その企業の社員自身がCMを企画しているわけではなく、その企業とは別の会社である広告会社のCMプランナーがつくっているということは世の中で既に広く知られていることで、「面白いCMをつくっている企業＝面白い発想ができる企業」とはなりません。

面白いCMを打つことで企業が得られるイメージを、強いて言語化するなら、「面白いCMの企画にOKを出せる度量の大きな企業」というイメージですが、そんなイメージに価値はあるのでしょうか。

「いい企業だ、いい商品だ」と思ってほしければ、「ほんとうにいいこと」をするべきなんだ、と。まず、「コト」を起こす、という発想です。企業が「伝える」ことよりも、「行動する」ことのほうが信じられる。だって、それは「ほんとうにしている」ことだから。そして、信じられる企業や商品は、多くの人から選ばれるようになり、結果的には、売れることにもつながっていく。

僕自身そう思うようになっていたし、同じようにそう思ってくれるクライアントの方との幸せな巡り合わせもありました。

「ともに行動する」マーケティングへ

なぜ、「伝える」だけではなく、「行動する」ことに自分自身惹かれるのか、「コミュニケーションシフト」で対談した箭内道彦★さんが教えてくれました。

並河　僕の本業は、コミュニケーションなんですが、でも、今はコミュニケーションだけじゃなくて、アクションもなくちゃいけない、と感じているんです。箭内さんに

★箭内道彦（やないみちひこ）。1964年生まれ。風とロック、すきあいたいヤバい、クリエーティブディレクター。『月刊 風とロック（定価0円）』編集長。主な仕事にタワーレコード「NO MUSIC, NO LIFE.」キャンペーン、リクルート「ゼクシィ」などがある。

は、そういう葛藤はありませんか？

箭内道彦（以下、箭内）　広告が抱えている「伝え方だけがうまいこと」によるさびしさって、広告をつくっているみんなが感じていることなんじゃないでしょうか。

だから、そこに、並河さんのいう行動だったり、現地に行ったり、人に会ったり、そこで感じたことをまた伝えたり、っていう「肉体性」が、いま必要とされてるんじゃないかと思います。

僕がずっと感じていたことを言葉にしてくれた気がしました。マーケティングやコミュニケーションの世界に、いや、そういう世界だからこそ、「肉体性」を渇望してしまう。ひとつの活動を通して、「企業の肉体性」と「個人の肉体性」が結ばれれば、もう、さびしくない。

ポイントは、企業がコミュニケーションよりも前に、まず「行動する」というところ。そして、消費者自身が、なんらかのカタチで、企業のその「行動」に参加できるようにするということ。そのことが「絆」につながっていくのです。

フィリップ・コトラーの『マーケティング3.0』★によれば、これからの企業は、企業自身も「人格を持った一個人」として、「人格を持った一個人」である顧客に向き合い、ともに

★フィリップ・コトラー、ヘルマワン・カルタジャヤ、イワン・セティアワン『コトラーのマーケティング3.0――ソーシャル・メディア時代の新法則』恩藏直人監訳、藤井清美訳（朝日新聞出版、2010）。

成長していかなければならない、とされています。まさに、このことです。

消費者が、広告に触れて、商品購入に至るまでのマーケティングモデルには、古くから使われているAIDMA、SNS時代に対応したAISASがありますが、ここには、「企業の活動」、「企業とともに活動することによる絆や成長」は入っていない。

AIDMA

Attention（注意）→Interest（関心）→Desire（欲求）→Memory（記憶）→Action（購買）

AISAS

Attention（注意）→Interest（関心）→Search（検索）→Action（購買）→Share（情報共有）

そこで僕が新たに考えたのが、次のマーケティングの行動モデルです。

新・マーケティング行動モデル

MASUG

Meet　企業の活動に出会う

↓

Act　企業の活動に参加し行動をともにする

↓

Share　自分ごととしてシェアする

↓

Unite　絆を確認し強まる

↓

Grow　ともに育っていく

「企業と消費者が行動をともにすること」で、企業と消費者が、まるで人格を持った一個人と一個人のように絆を結び、自分ごととしてシェアしていく。そして、「行動をともにすること」で、「ともに育っていく」。そういう視点の新しいマーケティング行動モデルです。

効率の悪いコミュニケーションへ

企業と個人が、まるで人格を持った一個人と一個人のように絆を結ぶとき、コミュニケーションデザイナーの佐藤尚之★（さとなお）さんは、効率のよいマスコミュニケーションよりも、もっと時間と手間のかかる、ある意味、効率の悪いコミュニケーションこそが、大事なのではないか、と語っています。

佐藤尚之（以下、さとなお）　僕は、大きくぶちあげたものはすぐ消費されると思っているところがあるんです。どんな力でもいいから使って、人の心を無理矢理グイッと動かしたとしても、その時期が終わっちゃったらまたやっぱりサラッと戻っちゃう気がする。僕が目指しているのは、もっと漢方的なもの。じわじわでもいいから確実に変

★佐藤尚之（さとうなおゆき）。1961年生まれ。（株）ツナグ代表取締役。コミュニケーションディレクター、クリエーティブディレクター。公益社団法人「助けあいジャパン」会長。国際交流基金理事。復興庁政策参与。代表作は「スラムダンク1億冊感謝キャンペーン」など。新聞広告賞グランプリ、ACC賞など受賞多数。著書に『明日の広告』『明日のコミュニケーション』（共にアスキー新書）など。

わっていくほうがよくて。
キャンペーン的に動かせることには限界があると思う。棒をグッて曲げたら反動でポンッて戻りがちだけど、そうではなくて、グググと少しずつゆっくり曲げていくほうが元に戻りにくい。そうやって世の中をじわじわ変えていくことは可能なんじゃないかと。力も言葉も必要以上に強くない。でも、やんわり静かに伝わって行く。その結果ちょっと変わる、ようなイメージ。マスキャンペーンの、ワーっとやって、オーッとなって、シューッて冷める感じが嫌いなのかもしれない。

並河　僕は、だめですね。まだまだ悟っていない。自分も含め、広告に関わる人の良くないところはそこですね。広めたいって欲望が強すぎる。

さとなお　でも、広めるって「手段」でしょう。手段が目的になっていることが多い気がするんだよね。「何を広めるか」という目的によっては急激な手段をとってはダメなときもある。マスで大声で伝えないほうが良いときもある。広めたい、みたいな気持ちが、何を広めるかよりも先にきてしまう場合がマスマーケティングでは多いよね。広めることが前提になりすぎている。
誰か分からない一〇〇万人に対して、ワーッと大声で言って、伝わったかどうかも分からないよりも、狭く一〇〇人に深く確実に伝えたほうがいい。その一〇〇人が一〇〇人に伝えてまたその一〇〇人が一〇〇人に伝えると一〇〇×一〇〇×一〇〇で一〇〇万人になる。信頼できる人たちの口を伝わって、広がっていくほうが強いと思うんです。

人が納得するのって、やっぱり、それを伝えてくれた人の人間性に対してだったりすると思う。お前が言うなら信じてやろう、みたいな。テレビが「信頼できるいい人」だった時代は長かったけど、いまや市民もそこまでナイーブではない。それに結局、信頼できる友人の口に、マスメディア、つまりマスマーケティングは勝てないと思う。

小さな声を、拡声器みたいなのを通して効率良く大きく広めていくっていうのがマスマーケティングですよね。ものすごく効率がいいわけ。でも、本当は、効率の悪いほうが伝わることだってある。「手間暇かける」って言葉があるぐらいで、手間暇があって初めて人の心が動くことも多い。ファストフードの味よりも割烹の手間暇に心が動くことが多いように。その「効率」が、こんなに信奉されて誉められたのは、たったここ一〇〇年弱のことで、だからマスマーケティングは、人類の歴史から見ても、実は異常なものじゃないかと思うんです。

かつては、コミュニケーションに、こんな効率を求めなかった。ちゃんと人に会いに行って、ちゃんと目を見て人に伝えるということがきちんと行われていた。手紙にしても手間暇をかけていた。それが、マスメディアという拡声器ができて変わってしまった。やったぜ!! こんなに効率良くできるようになったぜ！と、それを代理する広告業ができた。でも、ソーシャルメディアが生まれて、これからは、昔の「村」とか「長屋」みたいに、個人と個人の、ある意味効率悪いコミュニケーションに戻っていくんじゃないかな。

もちろん、ネットだから距離と時間を超えられる。そういう意味では昔とは全然違うんだけど、でも、効率ではない、手間暇がかかる、本来あるべき人と人とのコミュニケーションのカタチ。もう一回戻るんじゃないかな、そういう世界に。効率じゃない世界に。人間関係だけじゃなく、ビジネスのやりとりも。マーケティング自体も。

広告づくりを「みんなのもの」に

「企業から消費者に一方的なメッセージを発信する」のではなく、「企業と消費者がともに行動する」ことこそが、これからのマーケティングにおいて大事なこと。そう考えるようになって、自ずと、僕自身の広告プロジェクトのつくり方もさらに変化してきました。

クライアントからあるオリエンテーションが与えられたときに、自分ですべてコントロールしてプロジェクトをつくるのではなく、「どうやったら、消費者が参加できる、つまり消費者が消費者という立場を越えて、プロジェクトの主体者になれる場」をつくれるか、を考えるようになったのです。

単にイベントに参加する、ではなく、単に商品を買うことで社会貢献につながる、ではなく、もっともっと、みんながプロジェクトの「主語」になるような場所や仕組みがつくれないだろうか、という模索です。

そういう想いで、二〇一三年、僕は二つのプロジェクトを手がけました。

ひとつは、トヨタエスティマハイブリッド「★ドリームリレー・ムービー by CREATE THE FUTURE PROJECT」です。エスティマハイブリッドが子どもたちの可能性を応援するクルマであることを伝えたい。だったら、本当に子どもたちの可能性を引き出すコトをやろうじゃないか! マーケティングディレクター片岡史憲さんをはじめとするトヨタマーケティングジャパンの方々、そしてPARTYクリエーティブディレクター川村真司さん、さらに数えきれないほどのスタッフとともに半年間かけて実行したプロジェクトです。

全国四カ所(東京・福岡・金沢・夕張)で小学生に向けて、脚本づくりのワークショッ

★トヨタエスティマハイブリッド「ドリームリレー・ムービー」は、2013年5月から半年間にわたって、全国の子どもたちとプロの映像チームによる映画づくりを敢行。10月に完成した映画は、YouTubeで公開され、17万回以上再生され、ゆうばり国際ファンタスティック映画祭2014でも上映される予定。

プを開催。子どもたちが考えた脚本を、エスティマハイブリッドが、リレーのようにつなぎながら、同時進行で、それをプロの映像チームが映画化していきました。ウェブサイトでもセリフやキャラクターを募集。ワークショップとウェブサイトを合わせると、最終的な脚本参加人数は、一八五三人に達しました。

車が寿司に変身したり、鼻からうどんビームが出たり、二四〇時間も黙っていなければいけない競技があったり、子どもたちは、大人が考えもつかない、奇想天外な物語をつくっていきます。もし大人の会議にかけたら、「それはちょっと難しい」とか「物語が破綻している」とかいろいろな理由でボツになってしまう脚本です。でも、実際に、プロの監督たちが四苦八苦しながら映像化すると、まるで想像力のかたまりのような、そして見たことのない映画ができあがりました。そして驚いたのは、めちゃくちゃなストーリーだけど、破綻は感じない、ということです。子どもたちの頭の中には、実は、ちゃんとした映像があって、それをきちんと可視化できれば、もしかしたら既成概念にとらわれた大人よりも想像力にあふれたものをつくれるんじゃないか、と感じさせてくれるものでした。

もうひとつは、家具メーカーであるイケアの「SCHOOL FOR SCHOOL」★というプロジェクトです。イケアでは、ソフトトイ（ぬいぐるみ）一個あたり一ユーロが、途上国の

★「SCHOOL FOR SCHOOL」は、イケア・ジャパンとこども国連環境会議推進協会が共同で主催し、日本ユニセフ協会、セーブ・ザ・チルドレン・ジャパンと協力して、2013年11月から12月にかけて実施したワークショップ。識字率、就学率、出席率など、世界の教育問題を、中高生が学び、東京工芸大学教授の福島治先生やボランティアの美大生のサポートのもと、イケアの商品を使ってインフォグラフィックスで表現した。

ドリームリレー・ムービー

CREATE THE FUTURE PROJECT

DREAM RELAY MOVIE by CREATE THE FUTURE PROJECT

教育支援に使われるというソフトトイキャンペーンを毎年一二月から一月にかけて実施していますが、そのキャンペーンをもっと盛り上げるにはどうすればいいか、という相談をイケア・ジャパンの方から受けました。イケアは「世界で一番大切な子どもたちのために」というメッセージを掲げています。そこで考えたのは、日本の子どもたち自身が主役となって、世界の子どもたちの教育問題を伝えていくキャンペーンです。

電通エンゲージメントデザイナーの堤恵理さんの発想で、「途上国の教育問題を表すデータを、イケアの商品を使ってインフォグラフィックスで表現するポスターづくり」というワークショップを中高生に向けて実施することにしました。

インフォグラフィックスとは、難しいデータを、グラフィカルに表現することで視覚的に分かりやすく伝える手法です。たとえば、エチオピアと日本の小学生の識字率のデータも、データだけ見ると、数字の羅列にしか見えない。そのデータを、たとえばペンの数で表現すると、急にイメージがわくようになる。このインフォグラフィックスを、船橋、福岡新宮、鶴浜のイケアストアをワークショップの会場にして、イケアの商品を自由に使って、つくることを考えたのです。

最初は、データにピンと来ていなかった中高生も、自分自身でポスターを制作するうちに、そのデータが「自分自身から発信していくもの」に変わっていきます。チームごと、そ

SCHOOL FOR SCHOOL
中学2年 ひかり 中学1年 いでぴよ
ラブレターの読めない
女の子がいます。
There are girls
who can't read love letters.
女の子の識字率(%)
Youth (15-24 years) female literacy rate
100%
日本
JAPAN
47%
エチオピア
ETHIOPIA
ソフトトイで、世界の子どもたちに教育のチャンスを。
イケア ソフトトイキャンペーン
ソフトトイ一個につき
€1
(約100円)
途上国の教育支援に。
unicef
Save the Children

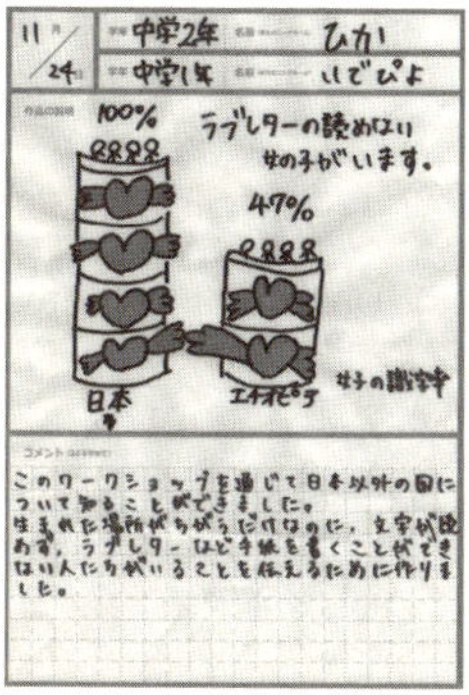
11月24日
中学2年 ひかり
中学1年 いでぴよ
100%
ラブレターの読めない
女の子がいます。
47%
日本
エチオピア
女子の識字率
このワークショップを通じて日本以外の国について知ることができました。
生まれた場所がちがうだけなのに、文字が読めず、ラブレターなど手紙を書くことができない人たちがいることを伝えるために作りました。

れぞれ伝えたいデータが決まったら、イケアのストアにある商品をその場で自由に選んでカートに入れて、それらを使って（といっても大きすぎるものや組み立てが必要なものはNGとしました）グラフィカルなグラフとして表現。椅子に乗せた人形の数で出席率を表すチームがいたり、グラスに入ったチョークの量で識字率を表すチームがいたり、個性あふれるアイデアと（イケアの商品を使っているからなのだと思うのですが）とてもおしゃれな仕上がりに、スタッフの大人も驚かされました。できあがったインフォグラフィックスは、その場でカメラマンが撮影しポスターのカタチにし、ウェブサイトにアップしたり、イケアのストアに貼りだしたり、途上国の教育問題とソフトトイキャンペーンを広く伝えるツールとして使用されました。

ドリームリレー・ムービーの映画の脚本も、イケアのポスターも、僕ら広告制作チームはつくっていません。つくったのは、みんながつくることに参加できる、そういう「仕組み」です。でも、自分たちで広告をつくってしまうよりも、圧倒的に、時間と手間と体力をかけています。

クリエーターは、自分で表現したい欲求が強い。だから、できれば、すべて自分の手でつくりあげたいし、コントロールしたい。僕にも、心のどこかにそういう気持ちが凝り固まっています。

でも、そうじゃないやりかたもあるんじゃないか。僕ら広告人は、広告を自分たちだけでつくりすぎていて、そのことが可能性をむしろ狭めているのではないか。

広告づくりを「みんなのもの」に解放すること。どんな仕組みをつくれば、それが達成できるかというその部分に、自分で広告をつくってしまうよりも何倍、何十倍ものアイデアとエネルギーと技術を注ぎ込むことが、これからの広告づくりには必要になってくるのかもしれません。

企業のありかたのデザインへ

さらに視野を広げると、これからの社会にとって企業や商品のあるべき姿を、企業といっしょになってつくりあげていくことは、マーケティングの領域にとどまりません。プロジェクトだけではなく、事業、商品、サービス、物流システムまで、企業が展開するあらゆることをいっしょに考え、設計していくこと。そういうことが広告の仕事になっていくのではないか。最終的に、ＣＭのカタチにならないかもしれない。もしかしたら、コミュニケーションは社長が発する一言だけになるかもしれない。でも、広告の目標が、「その企業やその商品が社会にどう受け入れられるかを設計する」ことだとしたら、クライアント自身のありかたをつくりあげていくことこそが本質的なのではないか、とだんだん思うようになりました。

永井さんはそれを「デザイン」という言葉で表現しました。

並河　永井さんは、広告業界の真ん中でHAKUHODO DESIGNという会社を率いながら、一方、多くの社会貢献プロジェクトをボランティアで手がけている、希有な存在だと僕は思っています。

どうやってその二つの折り合いをつけ、ボランティアをどう意義づけているのか。HAKUHODO DESIGNのCSR（corporate social responsibility の略。企業の社会的責任）として取り組んでいるのか、それとも、そうした活動がビジネスになっていくととらえているのか、そのあたりを伺いたいと思います。

永井　少し自分の経歴をさかのぼって話すと、元々は、博報堂にデザイナーとして入社し、その後、クリエーティブディレクターになり、自分のチームを持つようになって、日々、いわゆる広告の仕事をしていました。

転機は、九〇年代後半。日本でもブランドという考え方の重要性が高まり、博報堂ブランドコンサルティングという会社ができた時、クリエーティブとしては僕が一人だけ、その会社に入りました。

それまでは、極端な話、「こういう商品です」っていうオリエンを三〇分とか一時間とか受けて、じゃあ二週間後に企画持ってきてください、という繰り返しを日々つづけていて、そこに対して何の疑問も持っていなかったんですね。

でも、いざブランドの仕事をはじめると、この商品や企業の価値って何なんだろうっていうことを、根っこの部分から、クライアントの人たちと一緒にじっくり時間をかけながら考えていく。そうした骨格の上に、コミュニケーションを構築するという方法が、すごく新鮮で、大きな意味で、これこそがデザインだと思えたんです。

ブランドを考えるということは、生活者から見たその商品や企業の価値や意味を突き詰めていくこと。そのとき気が付いたのは、どんな商品でも、最終的には誰かの生活を良くしたり、喜びをもたらしたり、みんなの幸せを追求していくためのものなんだなという当たり前のことでした。その時に、自分の仕事は、社会や人にとって価値あることをデザインしていくことなんだと、一生つづけていく仕事としてはじめて納得がいった。

そういうことが少し分かりはじめた後、今でいうプロボノ、NPOやNGOの活動をクリエーティブで支援するようになったんです。だから、仕事でやっていることと、CSRと言われる領域でやっていることは、自分の中では全く分かれてないんです。

これは、電通の白土《しらつち》謙二さん（特命顧問）からの受け売りですが、「企業活動も、本質的に考えてみると、社会や人のためにならないと基本的には成立しないものだから、社会貢献活動もビジネスも根っこは同じ」だと。僕自身もそう思っています。

CSRやコーズリレーテッドマーケティングという言葉に僕はとても違和感があって、それは僕にとってデザインや、コミュニケーションデザインというものは、本来的にそういうものであるべき、という気持ちがあるからなんでしょうね。なので、「TAP★TOKYO」も、僕の中ではCSRではなく、デザインなんです。

並河　僕が担当しているサラヤという衛生製品のメーカーがあるのですが、その初代の社長は、日本の戦後、衛生環境が悪かった時代に薬用手洗い石けん液をつくり、手洗いを普及させたという歴史があって、今は、二代目の社長が、創業者の志を引き継ぎ、今度は、途上国の衛生環境を改善しようとしています。
具体的にはアフリカのウガンダで、ユニセフの手洗い普及活動を支援するのと同時に、SARAYA EAST AFRICAという現地法人を立ち上げて、アルコール手指消毒剤

★「TAP PROJECT」は、世界中の人々が「清潔で安全な水」を使えるよう、レストランでの募金やオンライン募金などでユニセフの活動を支援するプロジェクト。2007年にニューヨークでスタートし、日本では、2009年から、日本ユニセフ協会とhakuhodo + design project 及び博報堂の有志メンバーによる、「TAP TOKYO」としてプロジェクトを実施している。

の現地製造のビジネスを通して衛生環境の改善を目指しています。

多くの創業者の心の中では、社会貢献とビジネスは一体のもの、もっと言えば、そもそも社会のために事業を立ち上げているんですよね。

僕は、そうした創業者の志に近い気持ちが、実は、誰でもその企業に入社するとき、新入社員のときにはあるんじゃないかと思っています。就職活動のとき、その会社になぜ行きたいのか、と真剣に考えた経験が誰にでもありますよね。面接のとき、「お金を稼ぎたいから」という志望動機を言う人は一人もいなくて、「その会社に入って、人や社会のためにこんなことがしたい」ということを熱く話している。初心って、そこなんじゃないかなと。創業者と新入社員の気持ちはとても近いと思うんです。

永井　さまざまな企業の方もＮＰＯの方も、両方の方とお話しする機会がありますが、実はマインド自体は、ＮＰＯも、企業も、みんなそんなに大きくは変わらないんじゃないでしょうか。
もちろん企業体としては、売り上げを伸ばして組織を維持し成長させていくという目標が目の前にはあるけれど、一番根っこの部分には、誰でも、自社の商品やサービスで本当に喜んでもらえると嬉しい、人の幸せに役立ちたい、という想いがあると思います。

ここでいう「デザイン」は、表面的なデザインではなく、広義のデザインです。社会のためになる企業のありかたを考え、そのときに必要とされる新しいモノやサービスをデザインしていく、ということ。

社会や人と「ともに」価値を生みだす視点に立った事業のつくり方は、CSV（経営学者マイケル・ポーターが提唱したCreating Shared Value）として大きな注目を集めています。永井さんの話に出てくる「デザイン」は、CSVに近い考え方です。

「一個人として」発想する

「nepia 千のトイレプロジェクト」の後、僕自身の仕事も、マーケティング領域だけではなく、企業自身のありかたをどうしていくべきかを相談されることが増え、まるでコンサルティングのような仕事が多くなっていきました。欧米のソーシャルデザインエージェンシー（ソーシャルイシューに特化したクリエーティブエージェンシー）では、こうした企業のCSR・CSVコンサルティングからクライアントの課題を解決していくことがあたりまえなので、僕自身の仕事も、ソーシャルデザインエージェンシー流の仕事に変化していったといえるかもしれません。

その企業が、これからの社会にとって求められつづけるために、どんな事業やCSRが必要なのか。さまざまな部署から社員を集め、社内横断ワークショップを行っていく。そのファシリテーターをつとめることが多くなったのです。

広告セクションだけではなく、製造セクション、営業セクション、中には、経理担当の人がいることもあります。

社員一人ひとりの目線から、自社のリソースと、そのリソースと社会的課題をかけあわせたアイデアを出していきます。僕にできることは、楽しい空気をつくることです。自由にアイデアを出していいんだ、と思える空気。「組織として」ではなく「一個人として」自分の会社でこういうことができればいいのに、という夢を語ってもらうことです。

誰でも、心の底から、「つまらないこと」「平凡なこと」「今日明日の売りにつながること」だけをやりたいと思っているわけじゃない。

誰でも、「新しいこと」「面白いこと」「社会にいい影響を及ぼすこと」をやりたいと心の底では思っている。

そして、入社面接のときに語ったような「夢」を胸の奥底にしまってある。

「一個人」として話せるような空気ができあがると、そういう夢や面白い企画が出てくる。いや、その社員が「これ絶対僕の部署でやりますよ！」と熱くなっている姿を見ると、その企画がたとえ面白くない企画でもいい、とさえ思うように僕自身も変化していきました。面白いとか、面白くないとかは、そんなに重要じゃない。

その社員にとって、僕がアドバイスしたアイデアを実行するよりも、その社員自身が思いついたアイデアをカタチにするほうが絶対やる気が出る。広告代理店が「代理」しないほうがいいことがあるんじゃないか。その企業の人自身が、自分の汗と涙を込めて、たとえいびつな形でもつくりあげたほうがいいことがあるんじゃないか。

さとなおさんも、対談の中で、近いことを語ってくれました。

さとなお　これからの広告は、「企業と個人の関係」から、「企業の中の個人と外の個人」の関係にシフトしていく。僕は、そうあるべきだと思うし、そうなっていったほうがいいと思う。

並河　具体的には、企業の中の「個人」が情報を発信するリテラシーを上げる社員教育のような仕事もされているのですか？

さとなお　今年（二〇一二）のはじめに、Looopsの斉藤徹くんと「unit SaSa」というチームをつくりました。斉藤の「さ」と、佐藤の「さ」で、「ささ」です。

　これは、ソーシャルメディア時代に、企業の一人ひとりが、生活者に向き合うために必要な知識や現場感覚を身につけていくお手伝いをしていく、というチームです。セミナーからスタートし、インナーキャンペーン（企業や店が社員向けに意識の浸透などを行うキャンペーンのこと）といった広告の手法を使いながら、企業のシフトを内部からゆっくりとうながしていく方法です。

並河　僕も、企業のCSRやCSVの社内横断ワークショップのファシリテーターを依頼されることも多いんです。自分の会社のプロジェクトをどう伝えていくかを、社員みんなで考え、実践していこうというワークショップで、とても盛り上がるし、面白い。社員の方から、すごく喜ばれるんですよね。

　自分が代理してコミュニケーションをつくるのではなく、企業の中の「個人」が、生活者と、直接コミュニケーションをしていく方法を考えるお手伝い。

　広告代理店が、代理しない、という道ですね。

さとなお　そう、代理しない。

　個と個がつながっているソーシャルメディアでは、たとえば、僕が、並河くんの代理をして、何かを書くというのはありえない。でも、並河くんの補助をして、こうやったらいいんじゃんって、本当はこうだよねって、お手伝いすることはできる。だから、企業のコミュニケーションを、ラブレターに例えると、できるだけ代筆はしない。もちろん、代筆するときもあるけれど、そのときは、見えないところでこっそり行うのではなく、自分の納得がいったときだけ、自分の名前を出して行う。

でも、最終的には、企業の中の個人が、自分で生活者にラブレターを書けるようになったほうがいいんだよね。

それは、体質改善みたいな話。西洋医学ではなく、ホリスティックな療法や、リハビリテーションに近い仕事かなと思ってる。

並河　そういう職業にはまだ、名前はないですよね。ファシリテーターやコンサルティングというのも感覚としてはちょっと違うし、コミュニケーションデザイナーでもないし。

さとなお　でも、僕はカテゴライズされたくないなぁ。だから、職業が分かりにくくてもいいかなと。

並河　いいですね。僕も、常に、なんかこうよく分からない人でいたいです。

コミュニティデザイナーの山崎亮さんと別の機会に対談したとき、山崎亮さんは、あるときにランドスケープデザイナーの肩書を捨てて、コミュニティデザイナーの肩書に変えたとおっしゃっていました。

そのとき、「並河さんの仕事も、企業内コミュニティデザイナーですよ」と言われました。それは、企業の社員自身がコミュニティを形成し、みんなで考え、アイデアを出し合い、企業のありかたをシフトしていく、そういう「場」をつくるという仕事です。

山崎亮さんが言っていた言葉として印象的だったのは、町のコミュニティデザインをしているとき、「僕がいなくても、町がいい方向に回っていくような状態をつくりたい」と考えて動いていると。

さとなおさんも、クライアントが患者だとしたら、いつか、医者の手を離れる日を迎えるために考えている。

今、広告の世界に、そういう発想をしている人がどれだけいるだろう。

クライアントが、いつか、自分たちがいなくても、社員一人ひとりがプロジェクトやアクションを生みだし、さらに体温のあるいいコミュニケーションをつくりだせていけるようにする。そういうゴール設定を一度してみると何かが変わるかもしれない。

「そうしたら広告会社はいらなくなっちゃうじゃん!」という声も聞こえる気がするけれ

ど、でも、「患者を治したら、医者の仕事がなくなっちゃうじゃん！」という医者はいないし、事実、医者の仕事はずっとあるわけだから、大丈夫なのです、きっと本当は。

広告が信じてもらえるためには

「ラブレターは代筆よりもたとえ下手でもその人が書いたもののほうがいい」。

さとなおさんのこの言葉は、ずっと僕が感じていた、広告づくりへの違和感を表していました。

じゃあ、今までの代筆的な広告づくりをしている僕らにできることはなんだろう。

僕は、クライアントの方と一体化してつくっていくこと、だと思っていたけれど、でも、CMだったら、最後の最後は、プロがつくるしかない。もちろん、クライアントの想いをできるだけ込めてつくる。

それでも、代筆は代筆。

そのCMに登場するモデルも、つくっているクリエーターも、背景の美術をつくっている美術さんも、その企業の人じゃない。

そのときに、でも、そこに信じられる真実を宿すにはどうすればいいのか。

広告を信じられるものにするために、CMディレクターの今村直樹★さんは、「オフコマーシャル」という試みをはじめています。それは、「頼まれて代筆する」という広告のワークフローへのアンチテーゼといえる方法です。

通常のCMは、クライアントが広告会社やクリエーターにオーダーしてつくられ、テレビでオンエアするもの。でも、クリエーターのほうから企画し、クライアントへ提案してつくり、テレビでオンエアすることを前提としないCMがあってもいいのではないか。オフコマーシャルは、そんな今村監督の想いからはじまりました。

並河　オフコマーシャルの試みを、なぜ、はじめたのですか?

今村直樹（以下、今村）　自然な流れでそうせざるを得なくなったんですよね。二〇〇八年頃から自分のブログをはじめて、今のCMの世界の現状について、いろいろ書いていたんです。

この息詰まるような閉塞感はなんなんだ、とか、クリエーティブディレクターの方が「今回はこういうことでクライアントと握ったから」とよく言うけれど、「握る」っ

★今村直樹（いまむらなおき）。1954年生まれ。CMディレクター。東北芸術工科大学教授。サン・アドなどを経て、88年、今村直樹事務所を設立。2002年よりCM制作者集団ライブラリーを主宰。数多くの企業のCMを企画・演出。2011年、早稲田大学大学院公共経営研究科を修了し、地域活性化のための広告にも目を向けている。著書に『幸福な広告』（羽鳥書店、2012）。

て言葉、すごくいやだな、とか。

書くことで、漠然としていた問題は本棚に並ぶように整理されてくるんですが、そうすると、今度は「じゃあこれからどうするんだ?」っていうことが自分自身にもはね返ってくるんですよね。

そのとき、「CMを、頼まれてつくるのではなく、自分でつくればいいんだ」ってシンプルに思ったんです。一作目はDIGAWELというファッションブランドで、二作目がシャボン玉石けん。今、三作目をつくっています。

並河 なぜ、シャボン玉石けんのCMをつくろうと思ったんですか。

今村 シャボン玉石けんを知ったきっかけは、北九州市の情報誌に、とても丁寧に石けんづくりをしている様子が載っていたんです。直感的に、これはオフコマーシャルをつくりたい、と思ったんですよね。

その後、実際に、自分でシャボン玉石けんを使ってみたら、本当にいいんですよ。冬場、体がかゆくならない。

そこで、次は、工場見学を予約して、北九州市までつくられている様子を見に行ったんです。一人で工場見学に来る人は珍しいから、この人は何だろう、もしかしたら競合のメーカーの人かなって思われていたらしいですが(笑)、そんな僕に対しても、すべてオープンにして、石けんづくりを見せてくれました。工場の人が、石けんを舌でなめて、品質を確かめている姿にも感動しました。無添加だからできることです。

僕らは普段CMをつくって、企業の何かを語っているような気がしているけれど、肝心なことは伝えていなかったりする。「安全」と伝えていても、その安全性を、自分の目で確かめていなかったりするんですよね。

シャボン玉石けんは、つくっている過程が本当に素晴らしいから、その様子を、できるだけ表現せずに伝えたいと思ったんです。

並河　最初に、「オフコマーシャルをつくらせてほしい」とシャボン玉石けんの方にお願いしたときの反応はどうでしたか？

今村　オフコマーシャルの試みをはじめたばかりだったので、実験として、予算はいらないのでつくらせてください、とお願いしたんです。

当然、警戒されました（笑）。何か思惑があるんじゃないかって。

シャボン玉石けんの社長に、広告に対する僕の問題意識までひたすら語ったところ、「何か熱いものを感じた」と了解していただき、撮影に協力していただけることになりました。

並河　撮影はどれくらいかかったんですか？

今村　何回撮影したら完成というのはないんですよね。別に締め切りもないので。でも、そのかわり、企業の人たちが何を思っているのか、石けんはどうできているのかをきちんと知らないとダメだという想いがありました。

カメラマンの蓮井幹生さんといっしょに、結局、四回足を運びました。時間がかかったんだけれど、むしろ考えてみれば、本当は、あたりまえのことなんですけどね。

並河　僕は特に、石けんづくりの職人の方が、畑で石けんを持って立っているシーンが好きなんです。

今村　シャボン玉石けんの社員はみんな会社をやめるときでも「この石けんは好きだから使い続けます」と言うらしいんです。それがすごいなあ、と。作る人は同時に使う人でもある。そういう気持ちを込めて、社員が使っている姿も映したい、と考えたんです。

そこで、シャボン玉石けんを使っている様子を撮影するために、石けんづくり職人の方の自宅までうかがったんです。でも、家の中ではなかなか、ちょうどいいロケーションが見つからなくて……。ごはんをごちそうになった後、その方が、僕らを自分の畑に連れてってくれたんです。無農薬で野菜をつくっている、その畑を見たときに、「あ、ここだ」と思って。それが、あのカットになったんです。

並河　試写をしたときの社員の方々の感想はどうでしたか？

今村　試写は、本当は必要なかったんです。だって、勝手につくっているわけですから。ＣＭをホームページにアップしてもらうことは決まっていたので、データをメールで送れば終わりなんですけど、このＣＭを初めて見る社員の方々の顔を見てから、渡したいと思ったんです。

そこで、「試写をしたい」とお願いしたら、お昼休みに、社員がほぼ全員集まってくれて。僕らディレクターは、試写に立ち会うことってなかなかないんですよね。だから、その試写の様子だけでわくわくしてしまいました。

上映して、感想を聞くと、ＣＭに出演していた石けん職人の方が、「俺の人生、そのものたい！」とおっしゃったんですよね。石けんづくり一筋の方で。社長にも「ありがとうございました」と頭を下げて言っていただきました。

普通に感謝されたっていう、あたりまえのことなんですけどね。

ちゃんといっしょうけんめいモノをつくって、モノを納めて、受け取ってもらえて、ちゃんと喜んでもらえて、ちゃんと感謝されて。でも、そのあたりまえのことに、スタッフみんな感動して、泣いたんです。モノづくりのそういうあたりまえの実感すら、今、広告の現場から失われているんじゃないかな。

結局、感動した社長に、後日、制作実費を払っていただけることになったんです。

並河　今の話って、「順序」の話かもしれません。

普段の広告の仕事って、「仕事」として始まって、その後、商品を学んで、「伝える」という順序でいくんですが、オフコマーシャルの場合、「これをどうしても伝えたい」からスタートするんですよね。

「スケジュール」があって「撮影すること」が決まる、という順序ではなく、「撮影したいこと」があって「スケジュール」が決まる、という順序。「お金」があって「感謝」がある、という順序ではなく、「感謝」があって「お金」が生まれる、という順序。

本当に大切なことが、普段の仕事だと、二番目に来ている。

それを本来の順序、本当に大切なことを一番目に持ってくるのが、オフコマーシャルの試みだと思うんです。

今村　ほんとうにそうかもしれない。考えてみれば、ぜんぶ逆ですね。

これは、「代筆」ではなく、広告人自ら、「商品とその商品を愛して生み出している人たちへ、心のこもったラブレターを自分自身の意思でつくる」という試みです。

こうした試みがすべての広告づくりで一般的になるのは難しいかもしれません。でも、こうした試みを通して、広告が代筆をするにあたり、大事にしなくちゃいけない姿勢が浮き彫りになってくる。

箭内さんは、こう語っています。

箭内　これは、人ごとではなく、自分の問題として考えていることなんですが、「おいしくないと感じたもの」でさえ、仕事としては「おいしいよ」と伝えなくてはいけないと思ってしまいがちな広告の世界の人たちが、これからは、ちゃんと自分が伝えることに責任を持てるか、ということが問われていると思うんですよね。

並河　広告は、企業のメッセージの代弁であって、制作者のメッセージではない、という人もいて、それは確かにその通りなんだけど、でも、箭内さんのように、自分の顔を出して、「企業の考えのここに共鳴して、やっているんだ」と表明するのも、責任を持つひとつの方法なんじゃないかと思います。

箭内　たぶん、自分は……広告の教科書からは外れちゃうかもしれないけれど、企業のメッセージに重ねて、自分自身のメッセージを何らかのカタチで発信して、その効果を確かめたいんだろうなと思います。

今年（二〇一二）、ゼクシィのCMを手がけたのですが、未婚の黒柳徹子さんが出演して、未婚の僕がつくっていて、でも、結婚していなくったって、結婚というものと向き合えば広告になる、と思うんですよね。

このゼクシィの仕事では、「結婚はしていなくたって、みんな誰かの子どもで、結婚とつながっているんだ」と思ったら、何かが生まれる気がしたんです。

並河　素敵ですね。

箭内　たとえば、自分にとって「おいしくないと感じるもの」の広告をつくってください、と言われたとき、「おいしい」と自分の気持ちをごまかしてつくるのではなく、その「おいしくないと感じるもの」ときちんと向き合ってみたら、何かが生まれるかもしれない。

やみくもにほめるんじゃなくて……企業の方も、制作する人間も、出演する人も、みんなでいっしょに伝えたいことを悩みながら探す、そうしたら嘘じゃない何かが見つかると信じています。

コトラーが言う「一個人」として広告に向き合う、というのは、広告の制作者にも、広告に出演するモデルにも、広告をつくる美術さんのほうにも向けられている言葉なのかもしれません。

2　NPO・個人・コミュニティを出発点に

「伝える」という技術

次は、広告の二つ目の方向性、「NPO、個人、コミュニティを出発点にしたときの広告のありかた」です。

永井さんの言葉を借りれば、「これからの社会にとって重要で価値のある、新しく芽吹いた何かを見つけて、自分たちのクリエーティブスキルを使って、それがすこしでも広がっていくお手伝いをする、という道」です。

つまり、広告の「伝える」という技術は、企業以外のNPOや個人、コミュニティにとってのソリューションになりうるか、というチャレンジです。

二〇〇八年以降、僕は、仕事として、ソーシャルをテーマにした企業のプロジェクトのプランニングをすると同時に、いくつかのNPOから、コミュニケーションのお手伝いを頼まれるようになってきました。スキルを活かしたボランティアのことを、プロボノと呼び、いまでは大きな動きになってきていますが、当時は、プロボノという言葉も一般的ではなく、僕自身も、いままで出会ったことのないNPOという初めての分野に、「面白そうだな」という気持ちで協力していった、というのがほんとうのところです。「社会のために」なんていう気持ちは薄かった、というよりも、そもそも、いろいろな社会課題について当時は何も知らなかったのです。

最初に出会ったのが、日本トイレ研究所というNPOです。「日本トイレ研究所」という響きにまずぐっときました。「そんな名前のNPOがあるんだ!」という驚きです。

まず、日本トイレ研究所が主催する「トイレシンポジウム」に参加することになったのですが、いったいどんなシンポジウムか見当もつかない。もしかしたら、参加者全員、椅子の代わりに便器に座っているのではないか……等々、変態的な想像を巡らせてしまいました。

実際参加してみると、地方自治体、便器メーカーやエアータオル機器メーカー、大学で衛生関係を研究する教授等が参加する、きわめてまじめな業界のシンポジウムで(あたりまえですが)、まったく僕の想像は妄想にすぎなかったわけですが、でも、「トイレって、面白そう」と感じている僕の姿は、まじめにトイレを研究しつづけてきたNPOの人たちからすると新鮮に映ったようです。(こうしたまじめな研究や光が当たっていない分野に対して、「面白そう」と感じるのは、実は、とても「広告的」な発想です。この「広告的発想」については、第3章でもういちど詳しく触れたいと思います。

日本トイレ研究所が掲げているのは、「すべての人が安心してトイレを使える世界の実現」であり、公衆トイレ、災害時のトイレ、学校のトイレ、山のトイレの環境の改善などに取り組んでいます。)

僕は、二〇〇八年に、日本トイレ研究所が取り組む、公共トイレのマナー改善のキャンペーンをプロボノでお手伝いすることになりました。

公共トイレには落書きが多い。落書きの反対の状態をトイレにつくりだせないか。そう考えて、トイレのマナー改善を願う美しい詩を書き、それをトイレに貼り出すという活動「トイレに、愛を。」★キャンペーンを行うことにしました。

ここまでは、よくある、マナーアップのポスターをつくる話です。

でも、そこで終わりではなかった。

単純に、ポスターを貼り出すのではなく、ポスターを貼り出す前と、ポスターを貼り出した後で、どれだけトイレットペーパーの無駄遣いが減ったのかを、日本トイレ研究所は緻密に調査したのです。

新宿高島屋に協力していただき、ポスターを貼り出す前後二週間の一人当たりのトイレ

★「トイレに、愛を。」は、トイレを通して社会をよい方向に変えていくことを目指すNPO法人日本トイレ研究所のキャンペーンとして2008年にスタート。全国の公共トイレや学校のトイレに広がり、現在では、トイレの詩を書く授業も、中学校や大学で実施されている。

ットペーパーの使用量の変化を計測した（トイレに入った人数もカウンターで測りました）ところ、驚くべきことに、トイレットペーパーの使用量が約二〇・八パーセント減っていたのです。

このことは、Yahoo!のトップニュースにもなり、日本中の公共トイレから多くの問い合わせをいただき、あちこちの公共トイレに「トイレの詩」が貼られることになりました。

企業の活動だけでなく、「ＮＰＯの活動を、コミュニケーションで応援することができる」と僕が実感した瞬間です。

ＮＰＯのパンフレットを見たことがある人がいたら、分かると思うのですが、活動内容として、「啓発」や「教育」という言葉が入っていないＮＰＯは、まず、ありません。ＮＰＯにとって、「伝える」ということは、彼らの活動プログラムの大きな部分を占めているのです。

そもそもＮＰＯ（Nonprofit Organizationの略で非営利団体のこと）とは何でしょう？

国や自治体などの公的な機関がフォローしきれない社会的課題を市民の力で解決しようと動いていくことが、ＮＰＯの存在意義です。いま日本には、認証を受けたＮＰＯ法人が、

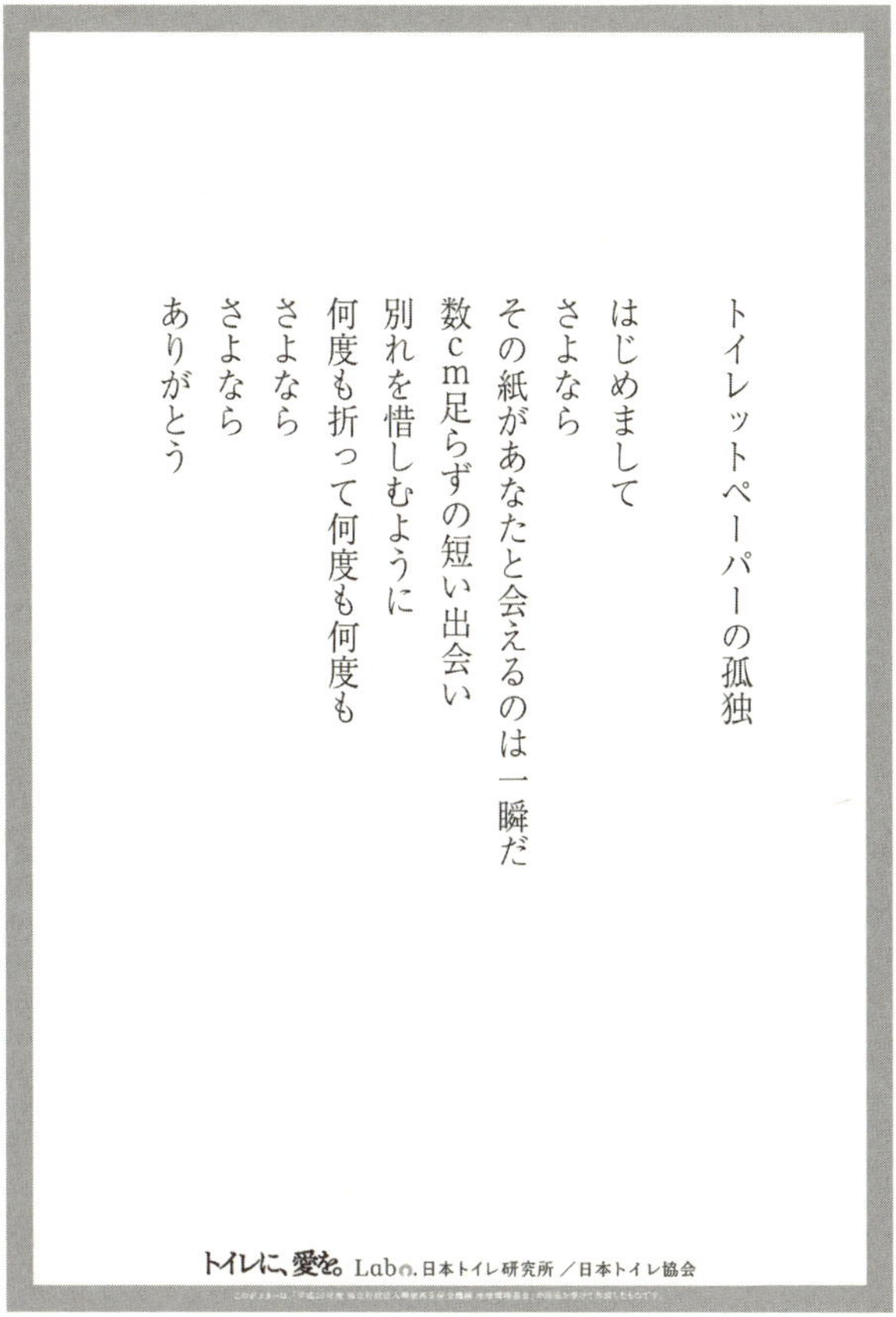
トイレットペーパーの孤独
はじめまして
さよなら
その紙があなたと会えるのは一瞬だ
数cm足らずの短い出会い
別れを惜しむように
何度も折って何度も何度も
さよなら
さよなら
ありがとう
トイレに、愛を。 Lab. 日本トイレ研究所／日本トイレ協会

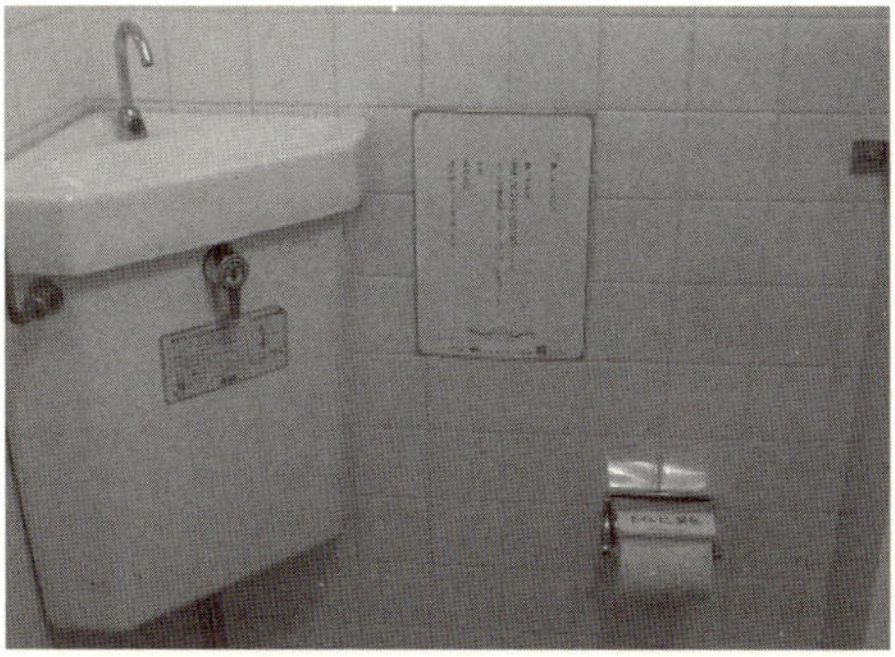

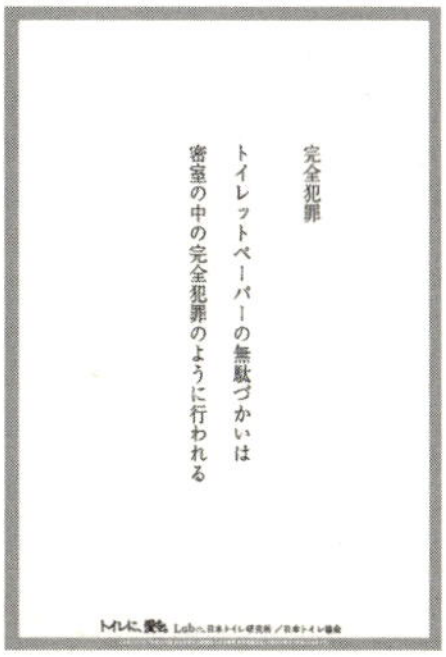
完全犯罪
トイレットペーパーの無駄づかいは
密室の中の完全犯罪のように行われる

四万以上あると言われています。でも、その多くの活動は、一般的には知られていないものがほとんどです。むしろその社会的課題が一般的ではなく、公的な機関の取り組みも遅れている課題だからこそ、ＮＰＯが活動している、とも言えます。ＮＰＯのコミュニケーションの領域というと、ＮＰＯのチラシやウェブサイトをつくる、といった広報的なお手伝いを想像するかもしれませんが、そうではない。もっと本質的なＮＰＯの活動の中のひとつのプログラムとしてコミュニケーションは位置づけられるべきものなのです。

大量生産、大量消費のひずみ

最初は、「逆に、面白そう！」と協力するようになったＮＰＯのコミュニケーションですが、僕自身の意識も少しずつ変わっていきました。

前述したネピアやサラヤのプロジェクトで、アジアやアフリカの途上国と呼ばれる国を訪れる機会が増え、今まで自分が見たこともない厳しい環境下で暮らす子どもたちの姿をいやがおうでも目の当たりにするようになりました。

病気の赤ちゃんを抱きかかえて、お医者さんにも見てもらえずスラム街のゴミの中で寝ている一五歳の女の子。両親をエイズで亡くし、自分自身もＨＩＶに感染している男の子。元々は豊かな自給型の農業があった途上国が、「お金」で測れる経済的成長を夢見て、グローバルな大量消費、大量生産のシステムに取り込まれ、安い賃金による労働力の末端をになうようになり、まだ幼い子どもたちまで働かされている。資本主義が入るまではなかった、貧富の差が生まれ、都市はスラム化していく。

問題は簡単ではないし、大量生産、大量消費だけが悪いわけでもない。途上国は、経済成長を夢見ず、昔ながらの暮らしをすればいい、というのも傲慢だと思う。自由も尊い。だけど、現実として、広告というものが応援してきた大量生産、大量消費は、なんらかのひずみを生み出している。

自分自身何もできない無力さを抱えて、日本に帰ってくると、自分は何不自由ない暮らしの中で、過剰に贅沢な、過剰にきれいな環境で生きている。そして、そうした暮らしを手放す気も、自分の心の中にはないという矛盾。

この世界が抱える矛盾は、合わせ鏡のように、その世界を見ている、自分の心の中の矛盾でもある。

世界の抱える矛盾を解決したい、というような高尚な気持ちではなく、自分の心の矛盾の息苦しさから逃れたい、というような気持ちでいたときに、ＡＣＥ《エース》という児童労働の問題の解決を目指すNPOと出会いました。

広告のスキルで「通訳」する

健全な成長や学業を妨げるほどの労働に従事している五歳から一七歳の子どもが、世界では一億六八〇〇万人もいると言われています（二〇一三年国際労働機関発表）。そうした児童労働でつくられた商品を僕らはそうとは知らずに買っているわけで、実は、僕らの生活とも密接に関係している。

僕自身、児童労働という問題があることを、もともとは、ほとんど知りませんでした。でも、ACEの方々と話すようになって、彼らが本気で「世界を変えたい」と動いていることを知って、なんとかして、この問題を伝えたい、と思うようになりました。

ACEのメンバーのみなさんは、本当に素晴らしい方々なのですが、なにせ想いが強すぎて、最初から最後まで、児童労働の話しかしない。でも、それでは児童労働に関心がない人は振り向いてくれない。児童労働に関心がない人にも興味を持ってもらえるように、僕は二〇一二年、「バレンタイン一揆」★という映画をつくることを企画しました。女子高生と

★「バレンタイン一揆」は、NPO法人ACE設立15周年記念ドキュメンタリー映画。監督＝吉村瞳。主演＝梅田麻穂、志賀アリカ、藤田琴子。配給協力＝ユナイテッドピープル株式会社。2013年、全国31都道府県115カ所で上映され、観客動員約5600人を達成した。

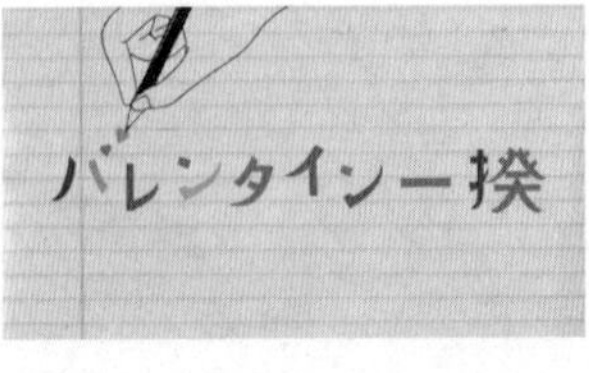

バレンタイン一揆
バレンタイン一揆
バレンタイン一揆

女子大生の三人組がガーナに行き、児童労働の問題を目の当たりにし、日本でフェアトレード（生産者が安定した生活を続けられるように、正当な値段で、つくられたものを売り買いすること）のチョコレートをみんなで買うイベントを開くまでのドキュメンタリー映画です。

映画なら、児童労働に関心のない人も興味を持ってもらえるかもしれない。主人公も、NPOの人たちではなく、あえて普通の学生の女の子たち。その普通の女の子たちが、すこしずつ変化し、やがて、社会課題の解決に向けて立ち上がるまでを彼女たちの目線で描くことで、児童労働に関心がない人たちにも共感してもらえるのではないか。二〇一二年の一年間をかけて制作し、二〇一三年に渋谷アップリンクという映画館で公開し、いまは日本中で自主上映会が開かれています。

世の中で知られていない、でも本当は「伝える」べき社会課題がある。

そのとき、広告に関わる人間が果たせる役割を、自身も多くのNPOのコミュニケーションを手がけるコピーライター丸原孝紀★さんは、「通訳」という言葉で表わしています。

並河　もともと、丸原さんは、いつ、どんなきっかけで、社会問題に関心を持つようになったんですか。

丸原孝紀（以下、丸原）　最初は9・11のニューヨークテロがきっかけでした。「一体何

★丸原孝紀（まるはらたかのり）。1976年生まれ。コピーライター／greenz.jpライター。東京コピーライターズクラブ会員。企業に社会貢献型のコミュニケーションを提案するとともに、NGO／NPOのクリエーティブを積極的にサポートしている。主な仕事に、「R水素ネットワーク」、「LOVE! ハイロ」、「MAKE the RULE」、「チョコレボ」、「フェアウッド・パートナーズ」、「水Do!」、「Love is the Movement!」など。

だ、これは？」と衝撃を受けて。それから世界の問題を調べていくと、資源をめぐる争いや、環境の問題、いろいろな問題が見えてきたんです。

でも、世の中の人の多くは、そうした問題に対して、圧倒的に関心がないので、できるだけ分かりやすく社会問題についての知識を噛み砕いて伝えることを、自分のブログではじめたんです。コピーの力を使ったジャーナリスト、コピージャーナリストですよ。

並河　その頃から、ecogrooveという名前で発信をはじめたんですね。

丸原　その延長線上として、プロボノで、いろいろなNGOのコミュニケーションを手伝うようになったんです。

チョコレートを通じて、世界の児童労働や環境についての問題をみんなが考えるきっかけをつくる「チョコレボ」のキャンペーンが最初で、その後、「MAKE the RULE」ではCO_2削減の制度づくりを呼びかけ、「R水素ネットワーク」では再生可能エネルギーの可能性を伝えて、とだんだん広がっていきました。

並河　コピーの力で「社会的問題を、世の中に伝える」ということですよね。

丸原　環境活動って、ともすると極端な方向にも行ってしまうけれど、でも、ほんとうに大事なのは、そうした活動を、一部の人間の取り組みじゃなくて、「あたりまえ」

にするということ。だから、世の中に、ちゃんと届くようにしなくちゃいけない。僕がやっていることは、尖った環境活動をしている人たちの、「通訳」だと思っています。

僕はこの対談で、僕自身が感じていた「矛盾」も、丸原さんにぶつけてみました。

並河　丸原さんは社会問題を発信しつづけていますが、行き場のない矛盾のようなものにぶつかることはないですか？

たとえば、僕は、児童労働をなくそうと活動しているNPO「ACE」のコミュニケーションのお手伝いをしているんですが、でも、こうした児童労働の問題だって、環境の問題だって、突き詰めて調べていくと、その問題を引き起こしている大きな原因の一つは、大量生産、大量消費のシステムだったりする。

そして、広告というものは……決めつけるのがよくないとしたら、少なくとも今までの広告というものは、大量生産、大量消費のシステムとは切っても切れない関係にあるわけで、そういう仕事をしている自分が、社会問題を問いかける、というところに、自分自身、息苦しいような矛盾を感じてしまっていて……。すみません、なんだか人生相談みたいですね……。

丸原　大量消費、大量生産の流れの中で成長したのが広告だから、大量消費、大量生産を否定することは、自己否定にもつながるし、「それ言っちゃおしまいよ」ってことかもしれない。

でも、広告をつくる人たちの心の部分を見てみると、「共感して、ものごとを解決していく」というプラスの面もある。

僕は、楽観的に考えていて、広告なんて仕組みにすぎないから、流動的なもので、社会が変わって、大量生産、大量消費の世の中じゃなくなったら、意外とすぐに広告のビジネスのカタチも変わっちゃうんじゃないかなって思っています。

でも、そうやってすぐに変われるためにも、並河さんが言うような「矛盾」をちゃんと自覚している、というのが、すごく大事なんじゃないでしょうか。

個人の想いを伝えていく「仕組み」

「大量生産、大量消費されるべくつくられた商品」と従来の広告の仕組み、つまり「コストをかければリーチ（伝わる人の人数）を最大化できるCM」は、長いこと蜜月関係でした。

でも、「NPOや個人、コミュニティの社会的意義のある活動」を伝えていくのに、この仕組みはふさわしいのか。もっとふさわしい仕組みがあるのではないだろうか。

その仕組みを模索し、実験すること。それが、僕の大きな関心事になりました。

もし、その仕組みをつくることができたら、個人やNPOの社会的活動を後押しすることができるのではないか。

そんな想いをカタチにしたのが、二〇一三年にJ-WAVEとREADYFOR?と電通ソーシャル・デザイン・エンジンが連携して立ち上げた、「J-WAVE LISTNERS'POWER PROGRAM」★です。

仕組みはこうです。

ソーシャルグッドをテーマに、リスナーから番組企画を募集し、その中から番組企画を選定。その番組の実現のために必要な資金を、クラウドファンディング（ウェブ上で個人から小額の支援を募る仕組み）で集め、番組を実現する、というものです。

通常の番組では、「〇〇〇（番組名）supported by 〇〇（企業名）」となりますが、この番組の場合は、「〇〇〇（番組名）supported by LISTNERS'POWER」となる。従来のマスメディアのスポンサーシップが、企業に限定されたものだとしたら、そうではなく、「社会のために」想いをともにする個人が集まって、マスメディアの番組を実現していく、とい

★「J-WAVE LISTNERS' POWER PROGRAM」は、J-WAVE、READYFOR?、電通ソーシャル・デザイン・エンジンが連携し、"クラウドファンディング"を活用してリスナー参加型のラジオ番組づくりを行う共同事業。2013年10月にスタート。プログラムサポーターとして、別所哲也さんが協力。

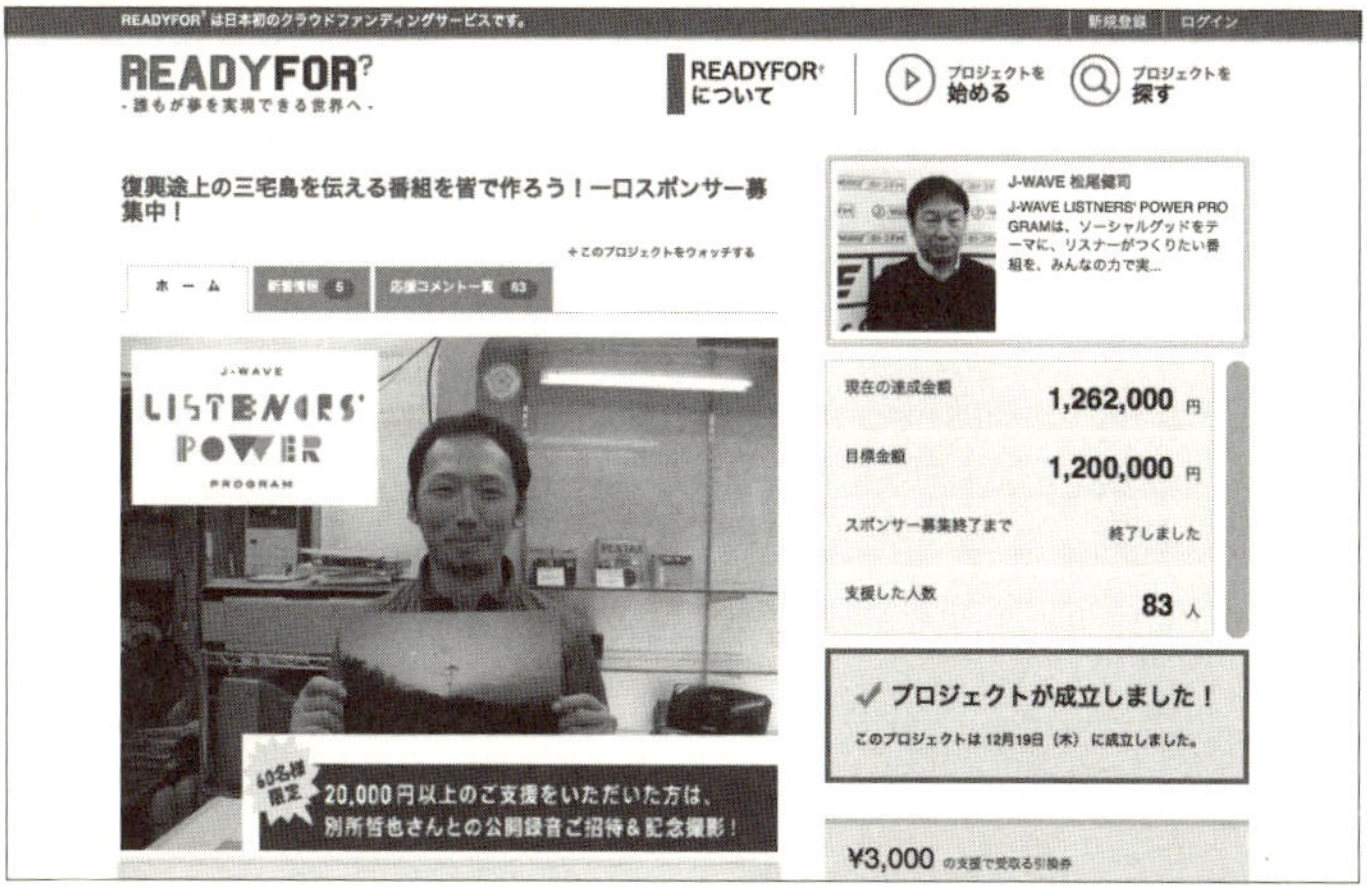

J-WAVE
LISTENERS'
POWER
PROGRAM

う画期的なカタチです。

番組には七〇案を超える企画が寄せられ、その中から、二つの企画を選定し、番組実現のための支援を呼びかけました。そのうちの一つの企画である、「復興途上の三宅島の今を伝える番組づくり」は、クラウドファンディングで八三人の方から一二六万二〇〇〇円を集め、番組制作を実現。二〇一四年一月一日のJ-WAVEの特別番組として、オンエアされました。

社会的に伝えるべきことを、個人の想いと資金を集めて、番組化し世の中に広げていく。「ソーシャルプログラムメイキング」と僕が呼んでいるこの仕組みは、今後、テレビや新聞など、他のメディアにも広がっていくはずです。そして、社会をよくしたいと願う個人の想いを増幅し伝えていく一つの装置になるはずです。

個人の力を集めて、社会をよい方向に変化させていく旗をつくること。

ウェブプランナーとして活躍する松倉早星★さんは、対談でこんなことを言っていました。

松倉早星（以下、松倉）　僕は、自分が身の回りで接している世界に、とても興味があります。たとえば、今、興味があるのが、「植物の種」なんです。種について、勉強していると、「固定種ってなんだ」とか奥が深いんです。

★松倉早星（まつくらすばる）。1983年生まれ。ovaqeクリエーティブディレクター／プランナー。1-10designをへて、2011年12月ovaqe inc.設立。HOTEL ANTEROOM KYOTOのメディアプランディング・プロデュースサポート、GALLERY9.5にてキュレーターを担当。WEBメディア"CNTR"や、トーク&ワークショップ・プログラム"MNRV"の主催。国内外の広告賞・デザイン賞受賞多数。

並河　面白そうですね。

松倉　ウェブだと、「こういうことを思いついたんだけど、どう？」っていう個人的なことを世界中に投げかけることができる。

並河　個人発のコミュニケーションですよね。

松倉　「自分で種からつくりたいんだけど、どう思う？」って、みんなに聞くと、それがまず僕の周りのコミュニティに広がっていって、その後、農家の人から返事があったり、どんどん広がっていく。

僕の興味が、他の人の興味になっていく感覚です。

個人から生まれた新しい価値観が周りに伝播し、人と人のいろいろなやりとりを通して、皆で学びながら、その価値観の理解が深まっていく。そうした学びの時期をへて、あるとき、その価値観がクローズドな世界を飛び越えて浸透し、メジャーになる。

いま、そういうことが、あちこちで起きていると感じています。

僕は、学生時代、教授に言われた言葉の中に、「People as media（人がメディアとなる）」という言葉があって。あなたたちが生きる世界では、新聞、TVではなく、個人がメディアと同等の力を持つ時代が来るでしょう、と。

ほんとうに、今から、いろいろなことが変わっていくんだろうなって思います。

3　社会課題を出発点に

広告が主体となる

広告のありかた、三つ目は、「社会課題を出発点にしたときの広告のありかた」です。永井さんの言葉を借りれば、「クリエーティブに関わる人、自らが主体者になって、クリエーティブの力を使ったイノベーティブな事業や社会的課題の解決を行うようなことを事業主体としてやる、という道」です。

「社会のために」というならば、広告会社は、企業やＮＰＯのお手伝い的な感覚ではなく、自ら、主体的な意思を持って取り組むべきではないか。

「人の命を救う」マーケティングへ

前述した通り、僕は、日本トイレ研究所での「トイレの詩」を掲出する活動を通して、コミュニケーションは、単なる広報的なお手伝いにとどまらず、社会課題を解決する中心的なプログラムになりうる、と考えるようになっていました。

さらにその想いを強くしたのは、「SARAYA 100万人の手洗いプロジェクト」★の視察で、アフリカのウガンダを訪れたときです。

現地ユニセフ事務所の衛生担当官の方とお会いしたときに、自分がコピーライターだと告げると、彼は目を輝かせて、矢のように多くの質問を投げかけてきました。

彼は、手洗いの普及を担当しており、どうやったら、ウガンダで手洗いを普及できるか、そのアイデアを教えてほしいと懇願してきたのです。

途上国での国連組織やNPOの支援活動は、かつては、ハード中心でしたが、この一〇年で大きく変化しています。モノを一方的に与えても、壊れたら使われなくなるし、さらにいえば、そのモノを製造するメーカーの成長を妨げることにもなる。

手洗いを普及させたいのなら、手洗い場の提供よりも、手洗いの習慣を普及させるための教育活動に比重を置いたほうがよい。ハードから、ソフトへと、支援のカタチが変わってきたのです。

現地の人たちが、心から、手洗いの大切さを認識すること。手洗い場をつくるよりも、まず、そういう「意識の変化」が起きないとはじまらない。

★「SARAYA 100万人の手洗いプロジェクト」は、アフリカ・ウガンダの衛生環境改善のために、2010年にスタート。サラヤの対象商品の売り上げの1%で、アフリカ・ウガンダでのユニセフの手洗いの普及活動を支援している。

ソフト、つまりコミュニケーションです。

でも、多くの現場には、コミュニケーションのプロフェッショナルがいない。そこにはマーケティングの経験のない「素人」が四苦八苦しながら、プログラムをつくっているのです（もちろん、マーケティングの専門家がいる場合もありますが稀です）。

そのことを、フィリップ・コトラーも、『ソーシャル・マーケティング』★という本の中で指摘しています。

彼の主張は、こうです。

たとえば、商品のCMをつくるとき、マーケッターは、「伝えるべきターゲット」を定め、「効果的なメッセージのコンセプト」をつくり、さらに、そのCMをオンエアしたことによる「商品の認知率の変化」や「ブランドイメージの変化」を調べます。まったく同じような手法（クラシカルなマーケティング手法と彼は呼んでいます）を用いれば、途上国の課題解決を加速することができるのではないか、と。

社会課題の解決のためのコミュニケーションをマーケティング的に設計すること。まず「伝えるべきターゲット」を定め、「効果的なメッセージのコンセプト」をつくり、さらに、「その社会課題の認知率の変化」や「その社会課題に対する意識の変化」をきちんと調査す

★フィリップ・コトラー、ナンシー・R・リー『コトラー ソーシャル・マーケティング――貧困に克つ7つの視点と10の戦略的取組み』塚本一郎訳（丸善、2010）。

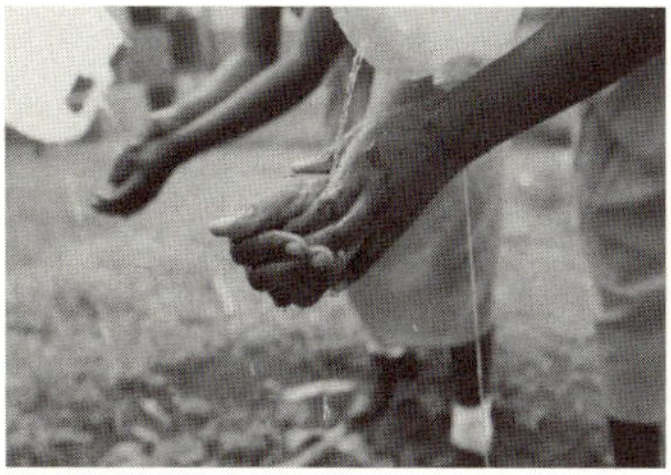

UGANDA! WASH A MILLION HANDS IN

SARAYA
100万人の手洗いプロジェクト

ること。広告ではあたりまえのこうした手法を、支援の現場に導入すること。
途上国の子どもたちの命を救うためのコミュニケーション設計を、企業のコミュニケーションを設計する精度で行えば、売り上げを上げる代わりに、何百人、何千人もの子どもたちの命が救えるかもしれない。

僕は、クリエーター、マーケッター、リサーチャーによる、通常の企業のコミュニケーション戦略をつくっている優秀なチームが、チームごと、途上国の現場に一年間張り付いて、コミュニケーションを設計し、キャンペーンを展開すれば、必ず大きな成果が出るはずだ、と思います。

さらに、世界に目を向けると、マーケティングに限らず、もっと広義のクリエーティビティを、世界の課題解決に活かそう、という動きもあります。
たとえば、ビル・ゲイツ&メリンダ財団が主催している、GRAND EXPLORER CHALLENGEというアイデアコンテスト。途上国の衛生環境を改善するブレイクスルーのあるアイデアを世界中から募集するコンテストです。キャッチフレーズは、「A4一枚の企画書で世界は変えることができる」。実際に、グランプリに選ばれたアイデアには、およそ一億円の研究開発費を、ビル・ゲイツ&メリンダ財団が拠出し、そのアイデアの実現をサポートしています。

すでに、うんちを燃料として再利用するプロジェクトや、衛生的に優れた外壁を途上国で手に入る素材で簡単につくれるキットなど、いくつかのプロジェクトが実現しています。

greenz.jp発行人の鈴木菜央★さんも、こうしたクリエーティブで社会課題を解決する動きについて、こう言っていました。

鈴木菜央（以下、鈴木）　広告って、いろいろな「困りごと」をコミュニケーションで解決するっていう仕事ですよね。今までは、広告は、企業の「困りごと」を中心に解決してきた。

でも、いまや、世の中「困りごと」ばかりなので、これからは広告が、あらゆる分野の「困りごと」を解決するようになっていっていくと素敵だと思います。

並河　政治や社会のいろいろな問題など、今の時代の大きな関心事に対して、コミュニケーションの力でできることがあるのだから、今の時代の流れにいちばん敏感であるはずの広告に関わる人たちは、もっと手を上げて、もっと参加したらいいのに、と

★鈴木菜央（すずきなお）。1976年生まれ。greenz.jp発行人、NPO法人グリーンズ代表理事。2006年「ほしい未来は、つくろう」をテーマにしたWebマガジン「greenz.jp」創刊。07年より、グッドアイデアな人々が集まるイベント「green drinks Tokyo」を主催。

僕は思っているんです。

鈴木 そういうことに気づいたクリエーターは、いきいきとしてきますよね。その充実感って果てしないパワーですよね。

クリエーティビティ未踏の地はまだまだある。面白いことできるよ、こんなに求められているよっていうのを広告クリエーターの方に伝えていきたいですよね。

箭内道彦さんは、自身の、福島での支援活動を、こうとらえています。

箭内 「福島を勝手に広告しているんだ」と、自分では思っています。福島というクライアントを、発注されないのに担当している、という感覚。さらにいえば、福島の問題は、福島だけの問題じゃない。「日本」とか「世界」というクライアントがいるとして、その問題を探したり、解決する方法を探したり……そんな感じです。

二〇一一年の三月一七日、「猪苗代湖ズ」として、『I love you & I need you ふくしま』をレコーディングし、利益の全額を福島に届ける活動を始めました。

僕は、そのメンバーであり宣伝部長でもあったんですよね。レコード会社から出していない曲が広まって、その年の一二月三一日にＮＨＫ紅白歌合戦に出場できるところまでいけたのは、自分が、広告の世界で学んできた技術のおかげでもあると思うんです。

並河　僕は、震災後、三月一一日に被災地で生まれた子どもたちを撮影する「ハッピーバースデイ3・11」★というプロジェクトを進めていて、そのプロジェクトもNHK紅白歌合戦で取り上げてもらえたんですよね。

だから、紅白の当日、僕も、楽屋前の廊下にいて、箭内さんたちの演奏が終わったとき、その廊下にいた取材のメディアの人たちやスタッフから、すごい大きな拍手が起きたのを見ていたんです。鳥肌が立ちました。

猪苗代湖ズは、「紅白という場所を自分たちのメッセージを伝えるために使おう」と明確な意志を持って舞台に上がったんだ、と、その場にいたみんなが感じたんですよね。

箭内　とにかく、紅白というあの場で、福島のことを発したかった。「まだ何も終わっていない。福島を忘れてもらわないために来ました」というメッセージも、賛否両論出ても発したかったんです。

こうした活動をしていると、福島の専門家になったの？　とか、広告やめてミュージシャンやってるの？　とか言われるときもあるし、葛藤もあるんです。

でも、福島と向き合ってきたからこそ、つくれる広告があるはずだとも思っていて。

★「ハッピーバースデイ3・11」は、2011年3月11日の東日本大震災のその日に、被災地で生まれた子どもたちの写真と物語を通して、命の大切さと未来への希望を伝える、有志スタッフによるプロジェクト。全国で、写真展を実施。また、日本ユニセフ協会のムービーとして、全国の屋外ビジョンやYouTubeなどでオンエア。さらに、その物語を、書籍『ハッピーバースデイ3・11――あの日、被災地で生まれた子どもたちと家族の物語』（飛鳥新社、2012）として刊行した。

世の中の、リアルな声や気分をとらえるスキルはあがっているって感じているんです。

僕が思うのは……「自分のために」がんばる人は限界がくる。「お金のために」がんばる人は限界がくる。もう「お金はいいや」って思うときがくるかもしれない。

でも、並河さんが手がけているソーシャルプロジェクトもそうだと思うんですが、「誰かのために」「社会のために」というスイッチが入ると、「やめるわけにいかなくなる」。

世界中の人が幸せになるまで、仕事が終わらなくなる。昨年（二〇一一）は、自分がそこのモードに入った年だったなと思います。ひっこみがつかなくなったという部分ももちろんあるんですけれど。

考えてみれば、誰しもいつ自分が災害にあうか分からない訳で、お互い様だって思うんですよね。ありがた迷惑っぽく、だけどかわいらしく、思いやりを持って、やりつづけるしかないですよね。

未来の広告会社

こうした社会の課題解決をマーケティングやクリエーティブの力でなしとげていくキャンペーンを、NPOのお手伝いではなく、広告会社が主体となって、NPOや企業とも協働しながら、進めていく。

ある途上国の衛生環境の指標をこれだけ良くしようと数年間の数値目標を定め、そのためにはこういう支援活動が必要だ、そのためにはこういう衛生製品がこれくらい普及する必要がある、とマーケティング的に設計していき、ある部分はNPOと共同でプロジェクト化し、ある部分は企業とともにビジネスとして取り組んでいく。

僕は、そうしたことを広告会社として実現していきたい、と思うようになりました。

売り上げ目標だけではなく、社会をこれだけよくするという数値目標も掲げる、新しい広告会社の姿です。

そんな想いで、現在、電通プランニングディレクターの赤羽《あかばね》誠さんやストラテジックプランナー加形《かがた》拓也さん、プランナーの石井妙幸《みゆき》さんらとともに取り組んでいるのが、電通が主体となりインドで展開している「d-IMPACT★」というプロジェクトです。

★「d-IMPACT」は、電通が開発したマーケティングプログラム。開発途上国の社会課題と企業の商品をマッチングさせることで、現地への市場参入を目指す企業のマーケティング活動を支援している。啓発活動などに用いられる、エンターテインメントと教育を融合した手法「エンターテインメント・エデュケーション」を取り入れ、都市に近接した農村部に移動映画館「THEATER FOR GOOD」を開設し、保健衛生・健康知識と商品を関連付けた教育コンテンツを上映している。調査の実施にあたっては、新興国市場への進出支援サービスとマーケティング支援を行うチェンジと協働している。

インドのルーラル地域（田舎）を対象に、衛生や栄養についての正しい知識を伝えるムービーを上映する移動映画館「THEATER FOR GOOD」を実施。その中で、同時に、衛生や栄養に関わる日本製品も紹介することで、日本企業にとってはテストマーケティングにもなる、というものです。

映画というエンターテイメント性の高いコンテンツを通して、アルコール消毒の仕方や、蚊帳の大切さなどを楽しく知ってもらう、まさに、コミュニケーションが教育プログラムになっている活動です（エンターテイメントエデュケーションと呼ばれる手法です）。

ＪＩＣＡ「映像コンテンツを活用した、ＢＯＰビジネス連携促進」を受託し、衛生メーカーや食品メーカーなどの数社の日本企業の参加を集めて、二〇一三年から、インドで上映会を複数回実施しています。

これは、企業からの受注ではなく、広告会社が「社会のために、こういうことをやろう！やるべきだ！」ということを起点にする、という方向性です。

この本で僕が伝えたいことの、とても重要な部分ですが、ここで、dreamdesignプロデューサーの石川淳哉★さんとの対談を取り上げます。

★石川淳哉（いしかわじゅんや）。１９６２年生まれ。（株）ドリームデザインＣＥＯ、公益社団法人助けあいジャパン創始者副会長。プロデューサー。主な仕事に、書籍『世界がもし１００人の村だったら』（マガジンハウス）、イベント「FIFA WORLDCUP PUBLICVIEWING IN TOKYO」ピースアートプロジェクト「retired weapons」、３１１復興情報配信プロジェクト「助けあいジャパン」、アルバム「日本の恋と、ユーミンと。」など。自宅に太陽光発電を導入、ＥＶ車にシフト。シェア農園で完全無農薬野菜生産中。２０１４年６月、出身地大分県別府市で温泉力発電を開始。

THEATER
for
GOOD

二〇一一年三月一一日の東日本大震災の後、石川さんと僕は、★助けあいジャパン情報レンジャーというチームを立ち上げました。

「被災地の情報をリアルタイムで伝える、移動型情報発信部隊が必要だ！」という石川さんの強い想いからです。

最初は、石川さんと僕の想いだけしかなかったプロジェクトでしたが、その考えに共鳴し、協力してくれる企業や人、自治体が少しずつ増えていきました。

トヨタエスティマハイブリッドのサポートを得られ、ボランティアスタッフも集まり、二〇一一年九月に運行をスタート。誰も経験したことのない「情報レンジャー」という仕事をゼロからつくりあげていきました。今では、宮城県、福島県、岩手県の事業として採択され、現地でレンジャーたちを雇用し、プロジェクトを継続しています。

並河　石川さんの肩書きはプロデューサーですが、いわゆるCMのプロデューサーと、石川さんのやりかたって、全然違う。でも、よくよく考えると、石川さんは、本来の意味での、「プロジェクトを生み出す＝プロデュースする」ということを実行していると思うんです。

石川さんといっしょに立ち上げた情報レンジャーもそうですが、石川さんは、いつ

★「助けあいジャパン情報レンジャー」は、公益社団法人助けあいジャパンのプロジェクトで、東北各市町村をまわり、情報を集め、発信するチーム。前述のトヨタエスティマハイブリッド「Charge the Future Project」のサポートのもと、2011年9月からスタート。復興支援サイト「助けあいジャパン」(http://inforanger.tasukeaijapan.jp/)上で、レンジャーからのレポートやカメラがとらえた被災地の今を日々アップしている。

助けあい
ジャパン

3.11 復興支援プロジェクト

情報レンジャー

も、「これをやるべきだ」というところからはじまるじゃないですか。

石川淳哉（以下、石川）　通常の広告づくりって、企業が予算を用意して、この日までにこれをやってほしいというプロジェクト。

そうじゃなくて、「これがあったほうがいいよね」っていうところに、お金、ボランティア、人手、時間……いろんなものが集まれば、カタチになるんだっていうことを、僕は実現しようとしてきたし、かなり実現できてきているかな、と感じています。

並河　僕もすこしずつ見えてきています。

石川　グラミン銀行をつくって、ノーベル平和賞に輝いたムハマド・ユヌス★の言葉に、こんな言葉があるんです。

「すべての人間には、利己的な面と無私献身的な部分がある。私たちは、利己的な面だけで資本主義をつくってしまった。そこに無私の部分を持ち込むことで、資本主義ははじめて完成するんだ」といった内容で、僕は、はっとさせられた。

僕は、ずっと、資本主義を変えなくちゃいけないと思い込んでいた。

でも、そうじゃなくて、資本主義を、完成させればいいんだって。

自分はそれを完成させるためのパーツをつくればいい。

そう考えたら、ちょっと勇気がわいたわけ。

★ムハマド・ユヌス。1940年生まれ。ノーベル平和賞受賞者、バングラデシュにあるグラミン銀行創設者、経済学者。無担保で少額の資金を貸し出すマイクロ・クレジットの創始者。マイクロ・クレジットは新しい貧困対策として注目され、世界中に広がっている。

並河　僕も、「資本主義」という言葉にずっと違和感を覚えていたんです。でも、そうか、資本主義の「資本」に、お金だけじゃなくて、人手とか、時間とか、愛とか、勇気とか、そういうものも入れればいいのか。

石川　実際、社長がその業界への愛を語ったら、株価があがるときだってあるよね。だけど、実際のビジネスになると、愛と勇気を取り込む計画がないんですよ。お金がお金を生むほうが簡単だから。

でも、まずは、僕らがプロジェクトを進めるときに、お金だけじゃない、いろんなものを集めて進めることはできると思う。

「やるべきだけど、誰もやっていないこと」を、国、県、市町村、NPO、プロボノ、広告会社、メーカー、企業、メディア、生活者、そういったマルチステークホルダー（さまざまな利害関係者）がいっしょになって実現するということを僕はやりたいんです。広告すべてがそうならなくてもいいけれど、そういうことがあってもいいんじゃないかな、と。

並河　この人からは「アイデア」があるかもしれない、この人からは「時間」があるかもしれない、と。

石川　お金だけ出したい人。時間だけ出したい人。スキルだけ出したい人。いろんな人がいる。その人たちを、ミッションに向かって、説明責任を果たすのが、プロデューサーの役目だから。

並河　石川さんは、僕に対しても、学生に対しても、漁師のおじちゃんに対しても、県知事に対しても、「これはやるべきだ」って、同じ熱量で話しますよね。その理由は、学生にも、県知事にも、漁師のおじちゃんにも、僕にも、なにか、そのプロジェクトに出せるものがある、と思っているからなんですね。

石川　そのときに大事なのは、みんながゴールイメージを共有できるかってこと。

並河くんといっしょにやった情報レンジャーだと、最初に、あの情報レンジャーのスケッチがあった（一〇一頁右下）。みんながテーブルに着いて、自分にできることを考えるために、そのテーブルの真ん中においてある「絵」をつくる。その「絵」こそがクリエーティブだと僕は思うんです。

並河　広告の未来についてどう思いますか。

石川　漢文で、「レ点」というのがあるんだけど、僕は「広告」にレ点を打ちたい。「広く告げる」から、「告げて、広げる」。

伝える価値あるものが広がる、ということになっていかないといけない。それを仕組み的にもつくるべきだと考えている。

僕らが、ふるまいを変えることで、広告を価値のあるもの、続くものにできるし、夢のあるものにできると思っている。

大事なのは、「やる」っていうこと。俺たち変わろうぜ、って言ったって信じられない。アクションからしか何も生まれない。

俺も「やる」。

口で言ってるだけじゃなくて、事業になって、はじめて、変わっていくんです。で、後から「ああ、こういうことか」と分かってくる。

そういうもんなんだよね。

未来の広告のありかた

資本主義とは、お金を中心に置いた価値観だと僕自身もずっと思っていて、石川さんとの対談の中で出てきたムハマド・ユヌスの言葉に目が覚めるような気持ちになりました。

従来の市場とは、お金とモノ・サービスのやりとりをする場であり、そして、広告とは、「お金←→モノ・サービス」の「←→」の部分を促進させるもの。

そこからどう脱出できるか、をずっと悩んでいたのです。

でも、脱出する必要はなかった。その図式の中にないものに気づけばよかったんです。

僕らのこの世界で交わされているものは目に見えるものだけじゃない。

そこでは、ボランティア↕感謝が交わされていたり、知恵↕知恵が交わされていたりする。個人の想い↕個人の想いが交わされていたりする。

GDP（国内総生産）には数字としては入らない、でも確かにそこで交わされているもの。そうした目に見えない「↓」も含めて、再度「自分がある社会のためのプロジェクトを実現できたとき」の構造を見つめ直してみる。

すると、「社会のための何か」がまんなかにあって、そこに「知恵↓」だったり、「時間↓」だったり、「サービスやモノ↓」だったり、「お金↓」だったり、「情熱↓」だったり、目に見えるものも目に見えないものも、いろいろなものが集まっていて、そのプロジェクトは実現している。知恵を出してくれる人もいて、ボランティアで時間を提供してくれる人もいて、サービスやモノを提供してくれる企業もいる。資本＝お金だけではなく、いろいろな人がいろいろなカタチの資本を出しあって、プロジェクトは実現している。（多摩大学大学院教授の田坂広志氏は、知識、関係、信頼、評判、文化といった資本を、「目に見えない資本」と呼んでいます。）

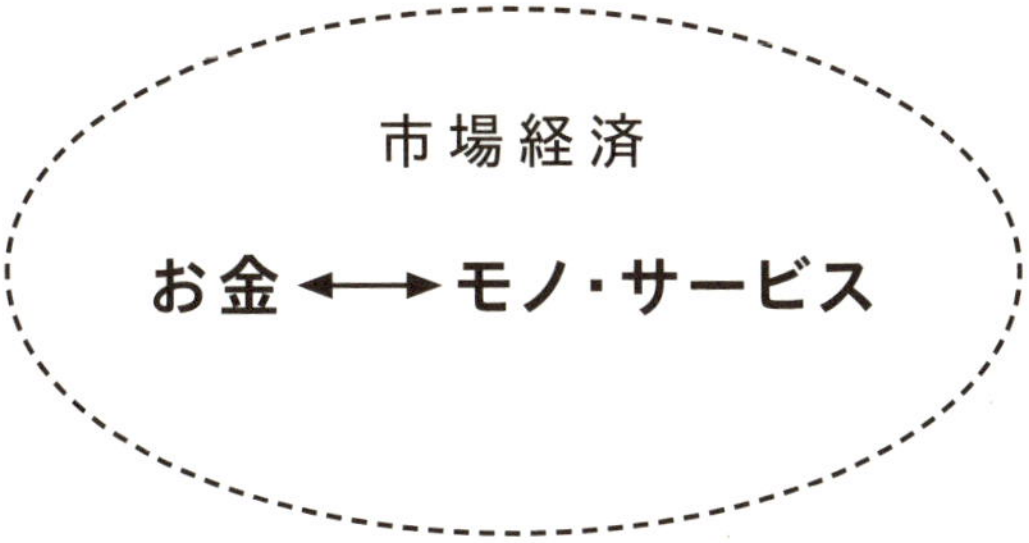

広告は、この ←→ をうながすものだった。

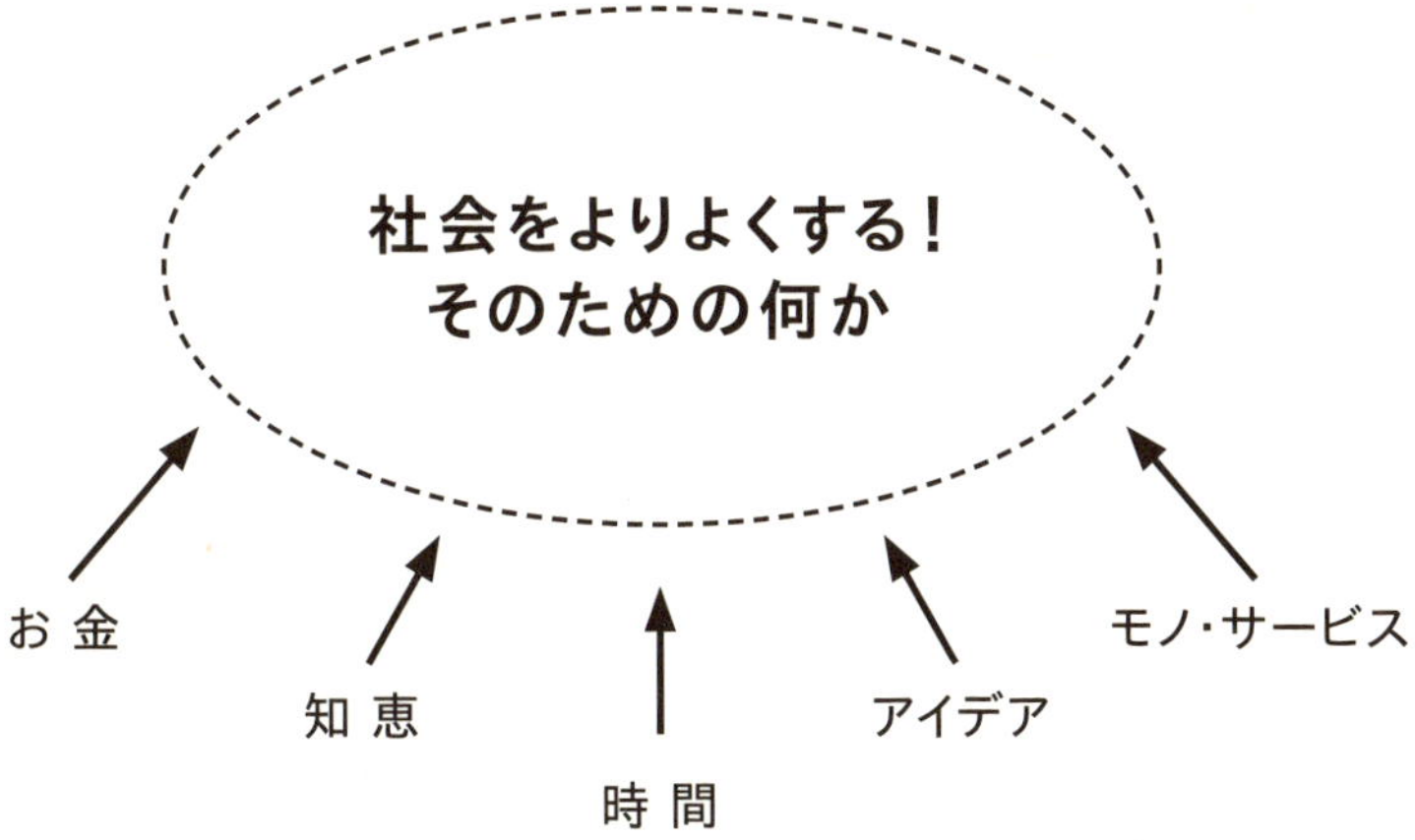

これからの広告は、この → をうながすもの（にしたい）

こうしたいろいろな「↓」が行き交う中で、広告が果たす新しい役割は何か。

従来の広告が、「お金↑↓モノ・サービス」の「↑↓」を促進させるものだとしたら、これからの広告が果たすべき役割は、「お金↑↓モノ・サービス」以外の、さまざまな「↓」をも促進させることなのではないか。

「知恵↓」だったり、「時間↓」だったり、「サービスやモノ↓」だったり、「お金↓」だったり、「情熱↓」だったり、市場を行き交っているすべての「↓」を促進させるもの。そして、そうした「↓」を促進させることで、社会の大きな目標を実現するもの。

「お金とモノ・サービスの交換をうながす」だけでなく、「さまざまな価値と価値の交換をうながす」もの。広告をそう再定義してみる。

もしかしたら、すでに、広告に関わる人が「プロデュース」という言葉のもと、「無意識」にやっていることかもしれません。でも、それを「意識的」にとらえてみる。すると、いろいろな疑問への答えが出てくるような気がするのです。

これからの広告は何をすべきか？

たとえば、「これからの広告は何をすべきか？」という疑問。

広告が、主体的なものではなく、企業やNPOなどのクライアントからの受注があって初めて成り立つものだとするなら、結局、これからの広告のすべきことも、「クライアント次第」になってしまう。広告について語るべきことは、そのクライアントの意思をどう具現化するか、という「技法」の話に終始してしまう。（もちろん、「企業のありかたのデザインへ」〔五一頁〕のパートで述べたように、そのクライアントの事業を社会のためになるように再設計する仕事には価値があるし、NPOや個人の想いを広げるコミュニケーションにも大きな意義があると僕は思っています。でも、広告が主体性を持つことは、これらと違う次元の話です。）

でも、こうしたさまざまな「↓」を促進しながら、みんなのさまざまな資本を集め、「何かひとつのこと」を実現する、その「↓」を促進させるのが広告だ、と再定義するなら、話は変わってきます。

最初にまんなかに置くべきなのは、目標となる「何かひとつのこと」。

「自分が社会のためにすべきだと思うこと」をまんなかに置き、それを実現するために、企業やNPO、メディア、個人など、さまざまな人たちから、時間だったり、知恵だったり、場所だったり、愛だったり、勇気だったり、もちろんお金やモノ・サービスをも集めながら、その代わりに、それぞれのステークホルダーに何をお返しできるかを設計しながら、たくさんの「↓」を促進し、その「自分が社会のためにすべきだと信じること」を実現していく。

そういうことを行っていくのが、もうひとつの新しい広告の姿だと僕は思うのです。

「これからの広告は何をすべきか?」という問い。

その答えは、「自分が社会のためにすべきだと信じること」でいい。

「自分が社会のためにすべきだと信じること」をまんなかに置いて、そこをスタート地点にする新しい広告のカタチ。

石川さんの言う通り、すべての広告がこうなる必要はないのかもしれません。

でも、広告という技術が果たせる仕事の中に、「自らが主体となって、社会をよくするプロジェクトをゼロからつくりだせる」という仕事が入っていてもいいんじゃないか。

広告に携わる人間なら誰でも、自分たちの職業が社会にいい影響を及ぼすものでありたい、そう信じたい、と願う気持ちがあって、でも今通常のモノを売る広告の制作ではそういうことが実感しにくくなっている。世の中からも、広告は社会にいいもの、と思われにくくなっている。

だからこそ、広告というものの力の可能性を主体的に実証することに、僕らは、切迫感を持って取り組むべきだし、それを果たすことは、同時に、広告に関わる人間にとって、新しい誇りにもなるはずだと思うのです。

第３章

広告のポテンシャル——広告づくりの発想や技術

「無自覚」から「自覚」へ

ここまで何度か、僕は、「今までは無自覚だったこういうことを、これからの広告は自覚して行うことが大切」という言い回しをしてきました。

どんなものでもよいものに見せようとしてしまう、広告的な考え方の問題点ばかりを、自省も含めて、僕は意識してきましたが、「コミュニケーションシフト」の連載で、広告の世界の第一線で活躍する方々と話す中で、広告的発想や広告人の気質の、「いい部分」にも気づかされました。

問題は、「無自覚」である、ということなのではないか。

広告に携わる人が、広告のいい部分（それはコインの裏表のように悪い部分でもあるのですが）に「自覚」的になること。

すこし大げさにいえば、いわば、「広告的思想」というべきものを打ち立てること。

そうすることで、広告は、どういう角度で、社会に貢献していけるのかが、よりはっきりするのではないか。この章では、そういうことを探っていきたいと思います。

「いや、こういう別の見方をすれば」

ところで、広告づくりに関わる人たちの中には、「思想」という言葉が出てきた瞬間、「ちょっと苦手だな」、「あれ、この本って、そういう方向に行く本なのかな、だったら読むのやめようかな」と感じた人もいるかもしれません。

僕がずっと不満に思っていたのが、広告業界の人は、思想的な話が苦手だということ。（いや、そうじゃない人もいるかもしれない。だから、これは僕の偏見かもしれません。でも、気にせず、話を進めます。）

僕が、熱く「世界はこうあるべきだ」というようなことを語ると、たいていの広告関係者は苦笑いを浮かべるわけです。「まあ、そういう考え方もあるけどさ」と。

そういうことを繰り返すうちに、広告づくりという仕事と、絶対的な思想を嫌うという広告関係者たちの習性には密接な関係性があるのではないかと僕は思うようになりました。

つまり、広告という仕事は、自分の好きな商品であれ、そうじゃない商品であれ、「この商品を魅力的に伝えよう」というのが仕事です。自分の好きな商品なら、話は単純です。その気持ちで広告をつくればいい。そうじゃない商品の場合、僕らは考えるわけです。「いや、でも、こういう見方をすれば、この商品は実は魅力的なんじゃないか」と。

そういう作業を繰り返すうちに、「いや、こういう別の見方をすれば」という思考法が体の奥まで染み付いている。常に腰を軽くして、左右どっちにもぴょんとジャンプできるような体勢でいつもいる感じです。

だから、ある人が、熱く「絶対的思想」を語りだすと、ぴょんと横に飛んじゃうのではないか。それはもう職業柄身に付いた条件反射のようなものです。

でも、それを、「条件反射」という「無自覚」のまま続けるのではなく、「いや、こういう別の見方をすれば」という思想が広告にはある、と堂々と意識したら、どうだろう。

あらゆるマイナスの部分は、プラスの部分と表裏一体である。

大事なのは、「意識」すること。「自覚」すること。

異なる意見の橋渡しをする

広告に内在する「いや、こういう別の見方をすれば」思想（便宜上、こう呼ぶことにします）とその可能性について、「コミュニケーションシフト」の連載の中でも、多くの広告クリエーターたちが言及していました。

並河　箭内さんも復興支援のさまざまな活動をされていますが、僕は、福島で除染活動を行う「ごしごし福島基金」★を二〇一二年に立ち上げて、活動しています。立ち上げてから気づいたんですが、「除染活動を伝える」というのは、一方で、「福島には放射線量が高いところがある」と伝えることにもつながってしまうかもしれないんです。ものごとは、いろいろな見方があって、プラスの部分も、マイナスの部分もあるんですよね。

箭内　そうした葛藤を、抱え続けること、伝えつづけることが大事。今の日本は、なんでも、二択の時代になっちゃっている。二択じゃない答えを探そうとすると、「黙っている」という道しかない。

ほんとうに目を向けなければいけないのは、そのどちらの選択肢にも、プラスとマイナスの二面性がある、という部分だと思うんですよね。

そういう二面性をきちんと伝える人がいない。白か黒かで決めつけるのではなく、異なる意見の間にある問題をちゃんと顕在化し、橋渡しができる人が、今必要なんじゃないかと思うんです。

並河　こちら側の意見も、そちら側の意見も、取り入れながら、カタチにしていくと

★「ごしごし福島基金」は、福島県内において、国や自治体の手の届いていない、でも除染する必要のある場所を除染していくために、有志が集まり、2012年5月に立ち上げた任意団体。クラウドファンディングや、募金活動を実施し、福島県内の幼稚園のプールや小さな子どもがいる家庭などでの除染活動を続けている。

いう。それって、広告づくりのスキルに近いですよね。

箭内　そう。たぶん、そうだと思うんですよね。

広告をつくっている人は、白か黒かで決めつけない感覚が体に染みついているから、今いろいろな問題に対して黙っているんだと思うんですよね。

でも、これからは、黙っている、で終わってはいけない。

広告づくりのスキルと感覚を、ものごとをよくするために捧げていかないと。生意気なことを言わせてもらえば、いま、日本がバラバラになっちゃっていると思うんですよね。

放射線のせいで、人と人が傷つけあったり、疑いあったりするようになってしまった。それが、今回の放射線の大きな罪だと思う。そこをなんとか、したい。

みんなが本当に伝えあいたいことを、誤解なく、冷静に、きちんと伝えあえるように、今、広告をつくる人は活躍すべきだと思うんです。

並河　日本人って、政治や社会の問題について話すのが、とても苦手ですよね。政治や社会の問題にどう触れればいいのか、その話法がわからない。でも、もうみんなで話さなければいけないときが来てしまった。

意見が違う人同士が、大切なことを話す、もっと「軽やかな方法」があればいいいん

ごしごし福島基金

ですが。

箭内　僕がTHE HUMAN BEATSというプロジェクトでリリースしたのが、「Two Shot」という歌なんです。

「君と僕の違うところを尊敬し合いたい

　僕と君の同じところを大切にしていたい」

という詞で始まる歌なんですが、このことをどうしても今、言いたくなっちゃって、亀田誠治さん（音楽プロデューサー／ベーシスト）たちと、レコーディングしたんです。「Two Shot」って、同じ考えをくくっていこうじゃなくて、違う考えを持った者同士が前に進める方法を見つけるために、一つのフレームにおさまる、ということなんです。

並河　エマニュエル・レヴィナスという哲学者がいて、「一〇〇人が正しいと思っていたとしても、そうではない考えの人が現れたときに、理解はできないけれど認める、というのが倫理だ」という内容のことを言っているんですよね。

自分と他者の関係の中で、理解しえぬ他者こそが自分にとっての希望だと。

箭内　自分の正しさを証明するために、相手を否定してしまうと、そこでコミュニケーションが止まってしまう。

自分の気持ちには正直に、だけど、つながりを断ち切らず、前に、のらりくらりす

★「THE HUMAN BEATS」は、MONGOL800のキヨサク、RHYMESTERのMummy-D、クリエーティブディレクターの箭内道彦、そして音楽プロデューサーの亀田誠治の4人から始まったスペシャルプロジェクト。2012年9月に、1stシングル「Two Shot」を発表。

ごい速いスピードで進んでいく、ということが必要なんだろうなあと思います。

「異なる意見の間にある問題をちゃんと顕在化し、橋渡しができる」ことは、広告づくりのスキルのひとつ。広告に関わる人の「共感の幅の広さ」とも言えると思います。

丸原　環境のことを突き詰めていくと、One Love、つまり、地球サイズの大きな愛に行き着く。人のことを、人ごとに思えなくなる。そういう部分って、実は、広告をつくる人たちのマインドにすごく近いんじゃないかって思うんです。

広告は、一言でいえば、クライアントの幸せを、自分の幸せにして、いっしょに成功して、報酬を分かち合うという仕事。たぶん、自分は、広告の仕事をしていたから、人が困っていることや、他人の問題に対する共感が大きくなっていたんじゃないかと思います。広告の仕事をしていなかったら、もっと自分勝手だったかもしれない。

並河　それは、広告の仕事をしているとそうなるのか、それとも元々、広告の世界にそういう人が集まってくるのか。どっちなんでしょうか。

丸原　きっと、広告の世界に集まってくるんですよ、おせっかいなやつが（笑）。クリエーターで、今まで社会問題の解決に興味がなかった人も、いったんスイッチが入ると変わりますよね。

広告に関わっている人って、もともと共感性の幅が広いから、それがさらに広がって、消費者やクライアントにとどまらず、社会にまで広がる可能性がある。「社会まで愛しちゃった」って、ある日突然、なるかもしれない。そういうところに、僕はとても可能性を感じるんです。

共感の幅の広さ、白黒決めつけない、おせっかい。どんな言い方がふさわしいのか分からないけれど、とにかく、広告をつくる人たちには、そういう性質のようなものがあるのです。

広告人の強み

広告の「いや、こういう別の見方をすれば」思想は、第二次世界大戦後に、エマニュエル・レヴィナスという哲学者が唱えた正義のありかたに近い、と僕は感じています。

エマニュエル・レヴィナスは、第二次世界大戦以降活躍したフランスのユダヤ人哲学者

（現リトアニア出身）であり、その師の一人は、ドイツの有名な哲学者マルティン・ハイデガーでした。

ハイデガーが掲げていた正義は「正義とは、一〇〇人のチームがあったとして、その一〇〇人すべてが正しいと信じることがそのチームにとっての正義なのだ。一万人の国があったとして、その一万人すべてが正しいと信じることがその国にとっての正義なのだ」という考え方で、第二次世界大戦前は、世界的にもわりと一般的な考え方でした。正義とはそういうものだと信じられていたんです。

でも、この考え方は、ナチスドイツによるユダヤ人の大虐殺によって、行き詰まってしまった。当時のドイツの多くの国民が、もちろん全員ではないけれど、ユダヤ人への迫害を正しいと信じてしまっていて、それでこういう悲劇が起きてしまった。

ある国があって、その国の全員が正しいと思うことも、もしかしたら、間違っているかもしれない。そこで、レヴィナスが登場したわけです。

レヴィナスの考え方はこうです。

たとえば、ここに一万人の国があって、一万人の人が「理解しえぬもの」がその国に現れたとき、それでも「理解しえぬままに」それを受け入れよう、と。それこそが、本当の正義なんだ、と。

レヴィナスの思想の深いところは、さらにその先にあります。なぜ、「理解しえぬもの」を受け入れるかというと、そうすることで平和が訪れるから、ではなく、人は本来的に、自分の「理解しえぬもの」に、未来や可能性を感じるようにできている、「理解しえぬもの」への渇望がある、と言っているのです。

この「理解しえぬもの」を受け入れよう、としてみる感覚は、僕は、広告の「いや、こういう別の見方をすれば」思想に近いと思うのです。

レヴィナスの考え方でいけば、もしも宇宙人が地球にやってきたとき、人間では理解しえぬ宇宙人という存在を排除するんじゃなくて、宇宙人という存在をまず受け入れる、ということ。それこそが正義だ、ということです。それは、「宇宙人は、人間以上の存在になりえない人間にとって、希望といえるかもしれない」という考え方です。

「いや、宇宙人って、こういう別の見方をすれば、逆にアリなんじゃないか」という、まさに広告的な発想です。将来、宇宙人が地球を訪れるときが来たら、困り果てた政府は、案外、広告人を呼ぶんじゃないか、と僕は思っています。

閉塞し停滞したものを活性化させる

この「いや、こういう別の見方をすれば」思想は、社会的課題を抱えた局面をブレイクスルーするのに、実は、とても役立つ。

「トイレって、逆に面白いな」と思って、日本トイレ研究所の活動のサポートをはじめた自分のように、広告人が、社会的に光のあたっていないテーマのコミュニケーションを手伝おう、と思うその原動力の大部分は、この「これって、いま光が当たっていないけれど、逆に、こう見たら面白いんじゃないのかな」という広告人としての本能に依るところが大きいはずです。

クリエーティブディレクターでCMプランナーの東畑幸多★さんは、「気づきの視点」と呼んでいます。

東畑幸多　ブータンという国では、「国民総幸福量」（GNH）という概念を国王が提唱しているんですよね。

自分達は欧米化するのではなくて、「幸せ」という価値基準でやっていきます、という価値観を表明したら、「ブータン、世界の中で、いい感じに目立ってきたな」という

★東畑幸多（とうはたこうた）。1975年生まれ。電通コミュニケーション・デザイン・センター、クリエーティブディレクター／コピーライター／CMプランナー。主な仕事に、江崎グリコ「オトナグリコ」、TOYOTA「ReBRON」、JR九州「祝！九州新幹線」など。2009年クリエイター・オブ・ザ・イヤー、2012年度TCC賞グランプリ。

状態になっている。

コピーについて話せば、言葉のテクニックよりも、「こういうふうに見たら、これって実は良く見えるよね」とか、「こういう概念があったら世の中良くなるよね」みたいな気づきがすごく大事で。そういう気づきの視点を与えることができるのが、広告的な視点なんじゃないかなと思います。

例えば、「老眼鏡」ってあるけれど、あれ名前が良くないですよね。たとえば、「リーディング・グラス」と呼んでみたら、知的な人がかけるものに変わるかもしれない。「リーディング・グラスまだかけてないの?」みたいな。

佐々木宏さん（クリエーティブディレクター）が、コピーの書き方の例で、「みんながいちばん嫌いなどぶ川を、CANALと呼んでみる」と話していたことがあって、広告は、閉塞し停滞したものに活性化する「ある視点」を与えることができるんですよね。

「ポテンシャルバリュー」を見通す

閉塞し停滞したものに、「ある視点」を与えることで活性化させる。そのことで生まれてくる価値は、いまはまだ表出していない価値です。

こうした「まだ表出していない価値」は、世の中ではなかなかその価値を認められない。僕と電通総研ママラボの田中理絵さんは、それを、「ポテンシャルバリュー」と名づけ、数値化できないか考えています。

たとえば、「シャッター商店街を活性化しよう」という言葉は、願望にすぎません。でも、「ある一日、日本中のシャッター商店街のシャッターが開いたら、これだけの経済効果がある」と数値化すれば、それは、「潜在的には既に存在している価値」になる。

この考え方に基づき、電通総研は、「主婦が再就業したときの経済効果」を試算してみました。結婚や出産で退職・離職した二五〜四九歳の主婦が、希望どおりの再就業をした場合の消費の増加による直接効果は三・〇兆円、経済波及効果は六・四兆円と算出され、二〇一三年七月に電通から出した調査結果のリリースは大きな話題を呼びました。「主婦の再就職を応援しよう」というかけ声ではなく、「そこには、これだけの価値があるんです」と具体的な数字を見せることができたのです。

価値をつくろう、じゃない。価値は既にあるんだ、と。でも、いまはまだ表出していないだけなんだ、と。

「いや、こういう別の見方をすれば」思想だからこそ、いま目に見えている価値だけではなく、社会の中に潜在的に存在している価値＝ソーシャルポテンシャルバリューを見通すことができる。
グレー色の世界に隠されている、鮮やかな色を見つけるように。

個人の心の中に「潜在的にあるもの」

ポテンシャルバリューは社会に潜在的に眠っている価値を見つけ出す、という話ですが、博報堂ケトル共同CEOでクリエーティブディレクターの嶋浩一郎★さんは、個人の心の中に潜在的に眠っている欲望を見つけ出すことが、「広告の素敵なところ」だと語ってくれました。

並河　「広告」の「広げる」という部分について、嶋さんにお聞きしたいのですが。バーンとテレビCMを大量投下して、みんなが同じ情報を知っている状況をつくる、って、すごい快感じゃないですか。
でも、最近そういうやり方自体に違和感を持っていて、なんて言うのかなぁ、本当

★嶋浩一郎（しまこういちろう）。1968年生まれ。編集者／クリエーティブディレクター。博報堂ケトル代表取締役社長・共同CEO。93年博報堂入社。コーポレート・コミュニケーション局で企業のPR活動に携わる。2004年、「本屋大賞」の立ち上げに関わる。06年、既存の手法にとらわれないコミュニケーションを実施する「博報堂ケトル」を設立。『LIBERTINES』（太田出版）共同編集長、『『旬』がまるごと』（ポプラ社）プロデューサー、「赤坂経済新聞」編集長など、メディアコンテンツにも積極的に関わっている。編著書に『CHILDLENS』（リトルモア）、『嶋浩一郎のアイデアのつくり方』（ディスカヴァー21）、『企画力』（翔泳社）、『ブランド「メディア」のつくり方』（誠文堂新光社）など。

に良いものだったら勝手に広がったりもするだろうし、無理して広げるのって違うのかなぁと、悩みを感じているんですが、嶋さんはどう思いますか？

嶋浩一郎（以下、嶋）情報が広がるためには、その情報がターゲットの欲望の芯をとらえてないといけない。できれば、本人さえまだ気づいていない、言語化できていない欲望を刺激して、「そう、それが欲しかった、それがやりたかった」と気づかせることが大事だと思うんです。

人ってね、実は自分の欲望がわからないんです。

本当は自分は何がしたいかって、ほとんどの人がわからない。

人間は自分の欲望の内一〇パーセントくらいしか言語化できない。

だから、Googleで検索できたり、amazonで検索できる欲望って自分の一〇パーセントくらいしかなくて、残りは、何かしたいけど、気づいていない。

広告の素敵なところは、その気づいてない欲望を気づかせてあげることができるところ。

僕がやっている本屋（博報堂ケトルがつくった本屋である下北沢のB&Bのこと）も、そうなんですよ。言語化できている一〇パーセントの領域は、amazonで買えるわけで。でも、本屋に行って、「あ、これ欲しかったんだ」って、その本屋で初めて言語化されることもあると思うんですよね。

ビッグデータの時代がくると、広告会社はダメになっちゃうんじゃないかって最近言われるんですけど、あまりそういうことは思わないんです。

もちろんビッグデータは楽しくて、Googleの人が二一世紀は統計家が世界一セクシーな仕事になるっていうのも分かる。

購買行動のデータが溜まっていけば、あ、このビールを買っている人が、このレンタルビデオではアクションビデオを見てるんだとか、このアイスを食べている人は、フランスの映画が好きなんだみたいな、いま、自分たちが発見できない欲望の相関関係が発見できるとは思うんですけど、データは結局言語化されているものの集積でしかない。

データは、一生世の中に追いつかない。世の中とデータの隙間で、新しく起こってくる人間の欲望を発見するのが広告の醍醐味。

最近、博報堂の生活総合研究所のレポートを見てびっくりしたのが、ベッドで寝ない人が増えているらしいんですよね。で、これは何かの胎動なんですよ。これを欲望にスイッチできたなら、何か課題解決ができるなって思うんですよ。

あと、僕、最近、ゲームセンターに入る老人をよく目にするんですよ。これも、何かの欲望の胎動。
そういう欲望を先回りして、気づいていく作業が、広告づくりにおいて、大事な気がするんですよね。

並河　広告というものは、企業側の何かを力技で広げる行為ではなくて、生活者の潜在的に持っている欲望、つまり、本当は既にある、でもまだ表出していない、やりたいことを見つけてあげること。

嶋　むしろ、そういうふうにしか考えたことないですね。

広告的思想の可能性

「いや、こういう別の見方をすれば」思想は、本来は、社会がある一つの方向に流されてしまっているときに、オルタナティブ（代案）を示すことを志向する思想でもあります。「本来は」と書いたのは、「いまはそうなっていない」現実があるからです。
オルタナティブを志向するというよりも、むしろ、広告は、規制やクレームを恐れ、数ある表現の中でも、いちばん保守的なものになってしまっている。

そのことを、PARTYのクリエーティブディレクター中村洋基★さんは、こう嘆いています。

中村　世の中、情報過多になった代償として、知らず知らずのうちに「面白い表現」の幅がどんどんせばまっています。僕が子どもの頃、ビートたけしの「天才たけしの元気が出るテレビ」が全盛期で、いまのテレビじゃできないようなことばかり、やっていた。見る人を不愉快にさせる可能性があるものは極力避けよう、ということなんだろうけれど、その結果、つまらなくさせられたCMとテレビ番組のせいで、世の中が元気を失っちゃっている。僕は、鬱状態にあるような人さえも、底抜けに躁状態になっちゃうようなコンテンツをつくって、それで世の中をハッピーにしたい。

並河さんが言う「ソーシャルデザイン」に、「いいことをしたい」「世の中のためになることをしたい」というまっすぐな原動力があるとしたら、僕の場合は、「面白いことで世の中をわくわくさせたい」「自分が思う面白いことをシェアしたい」という原動力で動いています。実は二人の欲望は似ていると思うんです。

広告なんて、「装置」にすぎない。たとえば、ある車のメーカーが車をつくる。その車の売り上げの一部が広告費になる。制作費や媒体費に還流して、広告の制作スタッフがお弁当買ったり、コンビニでおいしいお菓子買ったりする。もらった給料でまた

★中村洋基（なかむらひろき）。1979年生まれ。(株)パーティー、クリエーティブディレクター。早稲田大学第一文学部在学中からフリーのWebデザイナー・エンジニアを経て、2002年に電通へ。当初は、斬新なアプローチのバナー広告を次々と発表していたが、やがてキャンペーン全体を手がけるようになる。Web技術から広告アイデアを企画するテクニカルディレクターとして活躍。2011年4月より、(株)パーティー。カンヌ国際広告祭金賞、One Show Interactive金賞、ロンドン広告賞グランプリ、AdFest Cyber/Innovaグランプリ、D&ADなど、内外200以上の広告賞を受賞、審査員歴多数。共著書に『Webデザインの「プロだから考えること」』（インプレスジャパン）がある。

その車を買う……という、お金をぐるぐる回していく装置。だからそこに、面白いとか、いいこととか、世の中のためになることとか、そういう個人の主張がないと、広告は「社会に存在している」だけのものになってしまって、まったく意味がないと思うんです。

並河　二〇一二年のカンヌ（カンヌライオンズ国際クリエイティビティ・フェスティバル）で二部門でグランプリを獲った、小売業の再生を目指す「Small Business Saturday」★（アメリカンエキスプレス）にしても、同じく二部門でグランプリを獲った、人工的な大量生産から自然な農業への転換を告げるChipotleのCMにしても、アメリカの面白い部分は、資本主義、大量生産を押し進めてきたにもかかわらず、一方で、そうしたことへの批判を称賛する伝統があって、広告にも、自然とそういうメッセージが入ってくるところ。日本は、自国の抱えている課題を批判している人たちに、称賛を贈ろうという文化はあまりないですよね。

中村　日本は、多くの人が、今あるいろいろな問題に対して、「こういうもんだ」みたいなことをとりあえず受け入れるようになっちゃってるんじゃないかと。国が決めたことについても、「まあ、しょうがないか」と。「この国はいつのまにかそうなっている」という感覚を持っている人ばかりのような気がする。

★「Small Business Saturday」は、アメリカの毎年11月の第4週の土日を、中小企業のビジネス活性化に貢献する週末にしよう、とアメリカンエキスプレス社が2010年から呼びかけているアクション。オバマ大統領も参加を呼びかけ、アメリカ全土に広がった。

つまらない既存のフォーマット的なものに対して、僕はずっと抗ってきたんだけれど、本当は、そういう日本の大きな問題に対しても、「違うんじゃねえか！」って何かができるかもしれないって、今日話していて、そう思いました。

本章の考察をまとめると、こうなります。

広告人の中にある「いや、こういう別の見方をすれば」思想は、分断されてしまった関係をつなぐことにおいて有効なはずだ。

また、閉塞し停滞したものに潜在的に眠る価値を見つけることができる発想でもある。

さらに、（いま広告はそういう役割を果たせていないけれど）世の中があるひとつの方向に流されてしまっているときに、そうではない、オルタナティブ（代案）の視点を与えることができる。

そういう「いや、こういう別の見方をすれば」思想の価値を、広告人自身が自覚し、「社会をよくする」ことに活用していくべきではないか。

最後に、第2章、本章で考察してきた、社会のために広告が進むべき方向性を整理し、提言します。

広告の未来への提言

WORLDSHIFT（ワールドシフト）という言葉を聞いたことがありますか？

WORLDSHIFTは、平和で持続可能な社会を目指すムーブメントで、二〇〇九年九月、アーヴィン・ラズロ博士やゴルバチョフ元大統領らが、平和で持続可能な社会に向けて、ひとつの宣言を出したことから始まり、日本では、二〇一〇年に、最初のワールドシフトフォーラムが国連大学で開催されました。

いま、新しい価値観やワークスタイル、エネルギーのありかたなどを表す、さまざまなシフトが提唱されていますが、そのはじまりとなったのは、このWORLDSHIFTだと思います。

このWORLDSHIFTの日本における展開のクリエーティブディレクションを僕は依頼されたのですが、そのときに目指したのは、誰でも参加できるムーブメントにすること。

そこで、WORLDSHIFTという文字の下に□→□の空白のボックスをつけたロゴを制作することを思いつきました。アートディレクターの石田沙綾子さんによってデザインとして完成したこのロゴは、毎年開催されているワールドシフトフォーラムではもちろん、多くの人たちが、自分の思う「過去の世界」→「未来の世界」を宣言することに使われています。

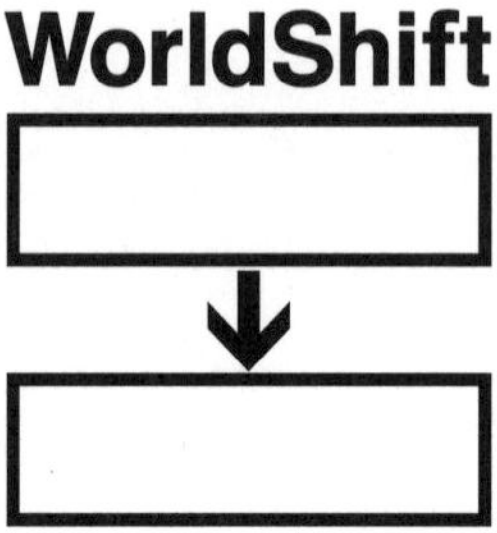

「○○（過去を表す言葉）」から「○○（未来を表す言葉）」へ、という表現は、シフトを表明するときに、シンプルで分かりやすい表現です。

そこで、第2章、本章で議論してきた、「モノを売る」から「社会をよくする」コミュニケーションへのシフトを、「○○」から「○○」へ、のカタチでまとめました。

広告は、きっと、もっと価値あるものになれる。誇れるものになれる。

次の21の提言は、「広告はきっとこれからこうなっていく」という予言的なものではなく、「こうしていこうと思うんだ！　そういうのがいいと思うんだ！　よかったら、みんなでやろうぜ！」という呼びかけです。

いろいろなテーマのシフトが混在していますが、あえて、そうしました。詳しい内容を知りたい方は、前に戻って確認してください。ここでは、このシフトの言葉たちから、何かを感じ取ってもらえればと思います。

「モノを売る」から「社会をよくする」コミュニケーションへ　21のシフト

1「商品をよく見せる」から「ほんとうにいいことをする」へ

2「消費者に一方的に伝える」から「消費者とともに行動する」へ

3「口だけで伝える」から「肉体性を伴う」へ

4「効率を重視する」から「手間暇をかける」へ

5「広告づくりは一部の人のもの」から「みんなのもの」へ

6「広告のデザイン」から「企業のありかたのデザイン」へ

7 「組織として発想する」から「人として発想する」へ

8 「代筆」から「直筆」へ

9 「お金が先」から「感謝が先」へ

10 「広告クリエーターは匿名」から「顔を出してコミットする」へ

11 「大量消費を加速させる」から「社会的意義あることを広げる」へ

12 「企業だけに独占されたマスメディア」から
「個人の力でもつくれるマスメディア」へ

13 「クライアントの困りごとの解決」から「社会全体の困りごとの解決」へ

14 「表現のためのクリエーティブ」から「世界を変えるクリエーティブ」へ

15 「広告＝お金とモノ・サービスの交換を促進するもの」から
「広告＝さまざまな価値と価値の交換を促進するもの」へ

16 「未来を誰かにまかせる」から
「自分が社会のためにすべきことをまんなかに置く」へ

17 「広告的思想の無自覚」から「広告的思想の自覚」へ

18 「白か黒か決めつけない姿勢」から「白と黒の橋渡しをする役目」へ

19 「商品への共感」から「地球規模の共感」へ

20 「閉塞し停滞したものと捉える」から「潜在的価値のあるものと捉える」へ

21 「みんなと同じ方向に流される」から「そうではない別の考え方を示す」へ

第４章
ヒト・モノ・コトはこれから“どう”つながっていくのか

これから、「ヒト・モノ・コト」は〝どう〟つながっていくのか。〝どう〟つながることができるのか。

そのことを考えるにあたり、僕は東日本大震災の後のことを振り返りたいと思いました。二〇一一年三月一一日、東日本大震災の後、普段そういう活動に参加したことのない人も含めて、多くの日本人が、東北でのボランティア活動に参加しました。

今では、あのときの状態を思い出すことは難しいかもしれないですが、ほんとうに多くの人が、自分にできることならなんでもするから、手助けしたい、と心からそう思っていました。

僕もそう思ったひとりで、二〇一一年三月末には、全国から絵本を集めて被災地に届ける「ユニセフちっちゃな図書館プロジェクト」★の立ち上げに協力し、四月には、全国から集まった絵本を持って、宮城県の女川町を訪れました。

津波が街を根こそぎ奪っていった、想像を絶する風景の中、多くのボランティアが活動を開始していました。

ボランティアとは、不思議なものです。普段は、自分の職場の肩書きがあっても、ボラ

★「ユニセフちっちゃな図書館プロジェクト」は、東日本大震災直後、避難所で生活をしていた子どもたちに向けて、絵本や児童書を届けた、日本ユニセフ協会のプロジェクト。30万冊以上の本が全国から寄せられ、東北の子どもたちのもとに贈られた。

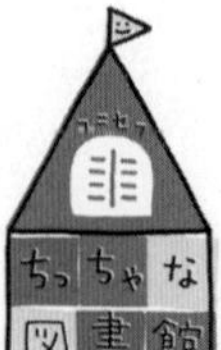

受付

ンティアに来たら、会社名や肩書きは関係ない。ある避難所で受付のボランティアをしていた男性と名刺交換をすると、実は、あるビール会社の宣伝部の方で、「電通さんですか！お世話になっています」と急にお互いお辞儀をしあったこともありました。そして、「こうやって人と人としてシンプルに出会えるっていいなあ」とあたたかい気持ちになりました。

ボランティア活動は、「ひとりの人間として」になれる。

いろんな人と、「ひとりの人間として」向き合える。というか、向き合うしかないんです。

同時に、そこでは、目に見えるものも、目に見えないものも、いろいろなものが交わされていました。

お店も銀行も交通手段も自動販売機すら動いていない、つまり、貨幣がひとまずこの瞬間は価値を持たない場所で、みんなが工夫して、いろいろなものを交換しあっている様子が見えました。

「届いた物資」と「感謝の言葉」

「人手」と「あたたかいコーヒー」

「実行」と「信頼」

「ボランティアが必要だという情報」と「ボランティアをしたい人がいるという情報」

「大人による絵本の読み聞かせ」と「みんなを元気づける子どもの笑顔」
「避難所に届く新聞」と「避難所で暮らす人たちからの記者への情報」
「自衛隊がつくってくれたお風呂」と「自衛隊への敬意」

それは貨幣を伴わない資本のやりとりです。

「貨幣」と「モノ・サービス」の交換という、あらかじめルールが決められた交換よりも、実は、とても高度な交換が行われていたのです。交換する人同士がそれぞれの自立と責任において、ルールを定め、目に見えるものも、目に見えないものも見定め、交換していくという高度な交易です。そして、その場にいた人たちは、そうした交換を通して、貨幣の交易がなくとも成し遂げられることの大きさを知ったはずです。

「贈与経済」という考え方があります。ある人から何かを譲り渡された人が、それを「贈られた」と感じ、感謝の気持ちを抱き、そのお礼として、何かを贈り返す。こうした活動、つまり貨幣に頼らない「贈与経済」が、「貨幣経済」よりもずっと前、人間の経済活動のはじまりだったと言われています。被災地で起きていたのは、まさにこの「贈与経済」です。

「肩書き」ではなく、「ひとりの人間としてつながる」ということ。そのつながりの自由で気楽な気持ちよさ、あたたかさ。

「貨幣」と「モノ・サービス」という交易だけではなく、目に見えないものも含めた「価値」と「価値」の交易をする、ということ。そのつながりによって成し遂げられることの大きさ。

この二つのことを、多くの人が、「共通体験」として経験した、被災地に行かなかった人も、そういうことが起きているということを感じることができた、それが、東日本大震災を越えたということだと思います。

その「共通体験」を、平常時の、これからの人と人の「つながり方」に活かしていくにはどうすればよいのだろうか。

もうひとつの「つながりのレイヤー」を持つ

仕事人としての自分がいる。

家庭人としての自分がいる。

その中間にある、もうひとつの、つながりのレイヤー。

それは、「仕事」とは別に、かといって一〇〇パーセントプライベートではない、「ひとりの人間としてつながる」レイヤーです。

僕自身、こうしたボランティア活動で出会った人が、実は企業の方で、その後仕事を頼まれたり、あるいは、facebookで友達になった方から自社のCSRについての相談を受けるようなことが増えてきました。

それじゃあ、喫茶店で会いましょうか、とか、それじゃあ、飲みにいきましょうか、みたいなところをスタートに、だんだん仕事になっていく。相手も、「自分としても、それはやりたいですね！」という僕自身の個人的な意思を確認した後、ゆるやかに仕事の話にうつっていく。

こうした仕事の仕方が、だんだん当たり前になってきました。

それは、「お互い、ひとりの人間として出会う」強さや気持ちよさ、信頼できる感覚を、仕事にも活かす方法です。

たとえば、ソーシャルアントレプレナー（社会起業家）やイントレプレナー（社内起業家）が集う拠点、IMPACT HUB★。

greenz.jpやThink the Earthが開催しているソーシャルの勉強会。

大小さまざまなコミュニティもあちこちに生まれています。（京都や福岡もかなり熱いらしいです。）

★「IMPACT HUB」は、2005年にロンドンの倉庫で、未来の地球に役立ちたいと考える起業家たちが集まり、シェアオフィスをつくったことからはじまり、あっという間に世界中に広がるムーブメントになった。社会変革や挑戦を行う中で、互いに学びや知識、経験、ネットワークをシェアしようとする、単なるシェアオフィスを超えた有機的で自己増殖するグローバルなコミュニティであり、現在、世界中に30以上の拠点がある。

SNS上のネットワークもそのひとつ。

そして、そういう場では、目的を定めず、ともに学びあっていくことに何よりも重点が置かれています。

僕は、こうした「ひとりの人間としてつながれる」場が、世の中にはもちろん必要ですが、企業の中にもあるべきだと思っています。

そこで、二〇一三年、「for good」をテーマにした電通社員限定の非公開の私的な組織をfacebook上で立ち上げました。上下関係も代表もいないフラットな組織です。あ！でも、非公開組織なのに、ここに書いちゃだめか。でも、その組織に入っている人が、じわじわ共感を呼んで増え続けて、全社員の半分ぐらいまで行けば、会社を変える大きな力になるかもしれない、なんて静かに企んでいます。

あるいは、企業の中には、「沼」のような場所が必要だ、という仮説はどうだろう。

その「沼」のまわりには、自然発生的に、いろいろな社員が集まってくる。そして、どぶろくのような濁り酒を回し飲みした後に、一人ひとりがぼそぼそしゃべる……。

いわゆる勉強会やセミナーみたいな、意識の高そうなリア充系は苦手！というタイプも、これならいけるのでは……。

さまざまな価値と価値を交換する「クラウドトレード」

貨幣とモノ・サービスの交易だけにとどまらない、さまざまな交易は、実は、すでにあちこちで生まれています。というよりも、日本では昔からあたりまえにあるのです。

「おそうざいの残り物」と「感謝の言葉」の交換
「手づくりのニット」と「お古のベビーカー」の交換
「庭でとれた野菜」と「しょうゆ」の交換

などなど、普段意識していないけれど、こうした交換は、実は、僕らの生活をあたたかくしてくれています。

こうした交易、さらにいえば、東日本大震災の被災地の現場で交わされていた、「届いた物資」と「感謝の言葉」、「ボランティアが必要だという情報」と「ボランティアをしたい人がいるという情報」といった交換を、ネットが進化した今、自分が居る場所（ご近所）に限らず、時間と距離を越えて行うことができるようになるのではないか、と僕は思っています。

たとえば、一人暮らしのおばあちゃんと、一人暮らしの若者が、ネット上で、「おせち料理のつくりかた」と「スマホの使い方」を交換する。

たとえば、日本のギャルと、アジアの女の子が、ネット上で、「メイクの仕方」と「英語の話し方」を交換する。

そういう新しい交換のカタチが生まれることで、貨幣の量では測れない豊かさが生まれてくるのではないだろうか。

個人の資金をクラウド上で集めてプロジェクトを実現するしくみであるクラウドファンディングが注目を集めていますが、クラウドファンディングは、「お金」と「感謝、プロジェクトへの参加、リターンを受け取る権利（支援へのお返し）」の交換に限定されたカタチです。

もっと広いさまざまな価値と価値を交換する、「クラウドトレード」と呼ぶべき高度な交換が世界中で行われ、個人レベルのモノ・コト・ココロのコミュニケーションを促進していくことを、仕組みとして実現したいと僕は夢見ています。

人は、壁を越えたい生き物だ。

僕には、昔からよく思い浮かべるひとつのイメージがあります。

それは、エマニュエル・レヴィナスの哲学から示唆を受けたイメージです。


人の精神は、肉体という孤独な船の甲板の上にロープでくくりつけられているようなものだ。

そして、その船は、ずっと海をさまよっている。

そんなとき、水平線の向こうに、小さな別の船が見える。

それは甲板から決して引き離すことができない精神にとって、唯一の希望である。

自己にとって、他者とはそういう存在なのだ。


人と人は、永遠に同一になれないからこそ、その同一になれないという壁を越えたいと願う。

新しいレイヤーのコミュニティが生まれているのは、分断された会社や組織、立場の壁を越えたいから。

新しいカタチの交易が生まれているのは、夢や知恵をかつてない方法で共有したいから。

この章の最後になりましたが、僕の詩を、紹介します。

「ヒト・モノ・コトは、これから〝どう〟つながっていくのか」という問いには、決して、ひとつの答えがあるわけじゃないし、理屈ではなく、心の話かもしれない。

この詩は、僕なりの答えだと思ってください。

対話

ふたりの話が
平行線に見えるときも

遠く遠くまで
その線をのばせば
必ず交わる点があり

いやむしろ平行線に近ければ近いほど
ふたりの線は
ふたりの話は
遠く遠く無限まで
たどりつくことができるのだ

おわりに

広告業界へのルサンチマンから始まった僕の旅は、COMMUNICATION SHIFTという地点まで流れ着きました。

広告業界へのルサンチマンがなければ、この本まで流れ着くこともなかった、と考えると、広告の世界に感謝しなければいけないと今は思います。

そして、「コミュニケーションシフト」の連載で、広告業界の第一線で活躍する人たちとの対談がなければ、ここまで深く考察することはできませんでした。改めて心から感謝いたします。

また、連載をサポートしてくださった宣伝会議の刀田聡子さん、出版化を快諾し、多くのアドバイスをしてくださった羽鳥書店の羽鳥和芳さん、編集の矢吹有鼓さん、本のデザインを手掛けてくださったdirection Qの大西隆介さん、本書で取り上げた企業の方々やNPOの方々、スタッフの方々、本当にありがとうございます。

この本の中で提唱した「新しい広告のカタチ」の多くは、もはや従来の広告のカタチはしていません。「ヒト・モノ・コトをつなげる仕組みづくり」ともいうべきものであり、もう「広告」とは呼ばなくてもいいものかもしれない。

でも、僕は、「広告」を捨てたくない。恥ずかしいぐらい、きっと、「広告」が好きなんです。

僕は、誰かほかの人の仕事は分からないし、語れません。

僕自身が汗や涙まじりでつくりあげてきたプロジェクトから思い知ったことや、実際に顔を合わせて対談した人たちのこと、そういう地盤の上に立って語ることしかできません。分かりやすい評論や分析とは違う、ちょっと面倒くさい語りになっているかもしれません。

実は、二〇一〇年の後半から、本書の中でも書いた、自分の心の中にあるいろいろな矛盾に苦しみ、僕は、パニック障害という病になりました。その後、二〇一一年の東日本大震災が発生し、僕は、抗うつ剤を飲みながら、ボランティア活動に励みました。

今では治りましたが、そのとき感じたのは、誰かのための活動は、けっして誰かのためじゃない。自分のためだということ。被災地でボランティア活動をすることで、僕自身が救われるような気がしたのです。

「モノを売る」から「社会をよくする」コミュニケーションへのシフトも、決して、高尚な無私の精神からではなく、広告の中にある内的な要求から、はじまっているもの。そして、広告を、より価値あるもの、誇りあるものに引き上げるもの。そのことが伝わっていたら、うれしく思います。そして、コミュニケーションには、「ひとりの人間としての」人と人を、高くそびえる壁をも越えてつなぎ、社会をよくしていく力があるということを実証するために、これからも行動し続けようと思います。

また、あるひとつの方向性のシフトを提示することは、とても難しいことです。本書の中で、広告は違う意見の橋渡しができる、と言いながら、ある考え方を否定して、ある考え方へのシフトを謳っているのは、自己矛盾かもしれません。でも、現実に対して、ある代案を示すことで、はじめて議論は起きる。この本がはじまりとなって、多くの方の間で、コミュニケーションの未来に向けた議論が起きることを願ってやみません。

最後までお読みいただき、ほんとうにありがとうございました！

二〇一四年二月二日

並河 進

並河 進（なみかわ すすむ）

1973年生まれ。電通ソーシャル・デザイン・エンジン クリエーティブディレクター／コピーライター。ユニセフ「世界手洗いの日」プロジェクト、祈りのツリープロジェクトなど、ソーシャル・プロジェクトを数多く手掛ける。DENTSU GAL LABO代表。ワールドシフト・ネットワーク・ジャパン・クリエーティブディレクター。著書に『下駄箱のラブレター』（ポプラ社、2007年）、『しろくまくんどうして？』（朝日新聞出版、2009年）、『ハッピーバースデイ 3.11――あの日、被災地で生まれた子どもたちと家族の物語』（飛鳥新社、2012年）、『Social Design――社会をちょっとよくするプロジェクトのつくりかた』（木楽舎、2012年）他。上智大学大学院非常勤講師。

Communication Shift

「モノを売る」から「社会をよくする」コミュニケーションへ

2014年3月10日　初版　[検印廃止]

著者：並河 進

ブックデザイン：大西隆介（direction Q）
発行者：羽鳥和芳
発行所：株式会社 羽鳥書店
〒113-0022 東京都文京区千駄木5-2-13-1階
tel. 03-3823-9319［編集］ 03-3823-9320［営業］
fax. 03-3823-9321
http://www.hatorishoten.co.jp/

印刷・製本：大日本法令印刷 株式会社

写真：小林紀晴（33頁）、小林正吾郎（85頁）、
竹谷健太朗（91頁）、日本ユニセフ協会（143頁）

ISBN 978-4-904702-44-4　Printed in Japan

幸福な広告――CMディレクターから見た広告の未来

今村直樹　四六判上製　296頁　2600円

長く第一線で活躍してきた経験をふまえ、
広告そしてCMをとりまく現状とこれからを展望する。

ニッポンの風景をつくりなおせ――一次産業×デザイン=風景

梅原真　A5判並製　240頁　2600円

一次産業にデザインをかけ合わせて、「あたらしい価値」をつくりだす。
デザイナー梅原真の仕事がはじめて本になった。

梅原デザインはまっすぐだ！　梅原真×原研哉

はとり文庫001　A6判並製　136頁　700円

梅原真の仕事をまとめた『ニッポンの風景をつくりなおせ』
刊行記念として行われた公開対談。息のあった掛け合いが会場を魅了。

四万十日用百貨店　迫田司

四六判並製　232頁　2000円

高知県・四万十川支流の小さな谷「イチノマタ」在住デザイナーによる
モノから見えるヒトと風景をつづった痛快エッセイ。

ここに表示された価格は本体価格です。御購入の際には消費税が加算されますので御了承ください。

羽鳥書店刊